랭보,
바람 구두를 벗다

강준 희곡집

청어

랭보, 바람 구두를 벗다

강 준 희곡집

동시대 인간들에 대한 변명

200년에 걸친 십자군 원정은 그리스도교의 성지를 탈환한다는 명분의 전쟁이었지만, 이슬람을 비롯한 동방 문명에 대한 질투와 선망이 동기였다. 그들은 향료, 보석을 비롯한 동방의 문물을 약탈해 가면서 한센병(나병)과 흑사병(페스트)도 서구로 가져갔다. 그 결과 14세기 중반 유럽에서 시작한 페스트는 6천만 명이라는 엄청난 사망자를 냈다.

코로나19 바이러스는 대규모의 사상자는 없지만, 21세기 전 세계를 원정하며 인간 생활을 통제하고 있다.

이 시대 이후 세상은 많이 달라질 것이라고 한다.

페스트 이후 『데카메론』, 『페스트』 같은 작품들이 나왔듯이, 코로나19를 소재로 한 세계적 명작들이 쏟아져 나올 것인가?

사회적 거리두기 때문 대중을 상대로 하는 공연예술이 위축되고 있다. 극장이 문을 닫자 공연자들은 생계를 위해 생활현장에서 에너지를 소비하고 있다. 다수의 예술 촉매자들이 폐업하고 실직하는 상황에서 예술이 침체의 수렁에서 빠져나올 수 있을지 걱정이다.

내게 자발적인 자가격리는 문학 작업에 대한 성찰의 시간이다.

책을 읽지 않는 시대, 공연이 되지 못하는 희곡을 계속 써야 하는가 하는 자괴감이 강하게 밀려왔다.

작가는 시대 정신을 정확하게 읽고, 동시대 인간들의 치열한 삶을 진실하게 기록해야 한다는 변명을 마련하고서 그간 쓴 작품들을 정리했다.

　　여기에 실린 다섯 편의 작품은 그간 중앙지에 발표했던 세 편에, 창작뮤지컬과 신작 한 편을 더 했다.

　　이 작품들은 창작 레지던시를 찾아가며 썼다.

　　원주 토지문화관, 이천 부악문원 관계자들과 교정을 해준 송정혜, 강명숙 작가에게 감사의 마음을 전한다.

2020년 7월

이천 부악문원에서

강준

§ 차례 §

내 인생에
백태클

❖ 등장인물

공달국

황금순   처

공성우   아들

공명지   딸

민정수   명지의 약혼자, 신문사 기자

유명혜   정치컨설팅회사 팀장

장국장   친구, 신문사 국장

안태호   정체불명의 남자

여자   파출부, 여직원, 코디, 의사 등 다역

남자   웨이터, 취객, 친족회장 등 다역

❖ 시간   현재

❖ 장소   수도권의 어느 도시

❖ 무대   가변 회전 무대

            공달국의 집 거실, 사무실, 방송 스튜디오, 호텔, 병원 등

제 1 장

토요일 아침이다.

경쾌한 음악(트로트)과 함께 무대 밝아지면 공달국 집 거실.

젊은 파출부 연화가 노래를 따라 부르며 막대 걸레를 들고 청소하고
있다.

초인종이 울린다. 연화 달려가 비디오폰 화면을 들여다보고 버튼을
누른다.

파출부　　어머. (안을 향하여) 사모님, 언니 왔어요.

황금순　　(안에서) 알았다.

잠시 후, 현관문이 열리며 공명지 들어온다.

파출부, 플레이어의 노래를 끄며 반갑게 맞이한다.

그는 조선족으로 한국말이 서툴다.

파출부　　(호들갑스럽게) 어머 어머 어머. 눈이 부어서 못 보겠어요.

공명지　　왜 그래?

파출부　　언니 얼굴에서 빛이 나와요.

공명지　　(웃으며) 이럴 땐 눈이 부은 게 아니라 눈이 부시다고 하는
　　　　　　거야.

파출부　　언니, 연애하는 거 맞죠?

공명지　　애가 몇 달 안 보는 사이에 점쟁이가 다됐네.

파출부　　(좋아라하며) 맞지? 맞구나. 어떤 남자예요?

공명지　　촐랑대지 말고 기다려봐.

파출부 (관심을 가지고) 언제? 아참! 가족회의 한다던데 그놈도 오늘 와요?

공명지 (놀라며) 그놈?

파출부 앗 실수. 그 님.

공명지 (손가락으로 연화의 이마를 살짝 밀며) 그래. 그분도 오신다. 요것아.

파출부 야호. 오늘 재수가 좋다더니. 어떤 왕자님일까? 내 가슴이 다 떨리네.

황금순 (화장 곱게 하고 안에서 나오며) 아침부터 웬 호들갑이야. 커피 내오고, 안방이나 좀 치워.

파출부 (금세 샐쭉해 하며) 예. (청소기를 들고 안으로 들어간다.)

황금순 (소파에 앉으며) 왔어? 여기 좀 앉아라.

공명지 (앉으며) 아빠는?

황금순 운동 나갔는데. (시계를 보며) 올 시간이 되었다.

공명지 갑자기 휴일 아침에 호출이라니? 무슨 일 있어?

황금순 명지야. 네 아빠 좀 말려라. 집안 거덜 나게 생겼다.

공명지 무슨 일인데?

황금순 글쎄. 꼴에 선거에 나간단다.

공명지 선거? 조합장 선거는 작년에 끝났잖아?

황금순 그게 아니라 국회의원 선거.

공명지 (놀라며) 아빠가?

황금순 귀신에 홀려 정신 나간 거지. 가당키나 한 소리냐? 분수도 모르고. 여하튼 그거 때문에 성우도 불렀다.

공명지 그래서 우리 정수 오빠도 오라고 했어.

황금순 아니, 가족회의 하는데 걔는 왜 불러?

공명지　　서로 바쁜데, 정식으로 인사시키려고. 엄마, 정수 씨는 가족이나 마찬가지잖아?

황금순　　누구 마음대로? 너 그 집안 몰라서? 가난뱅이에다 부친은 빨갱이 운동하다 죽었는데. 그놈의 새끼 불쌍해서 과외 선생 시켜주었더니 너랑 연애질만 했구나.

공명지　　우리 집안은 어떻고? 난 뭐 잘난 거 있어? 내게는 과분한 사람이야.

황금순　　네가 어때서? 요즘 인기 좋은 초등학교 선생이겠다. 엄마 닮아서 인물 받쳐주겠다. 그러니 가만있어. 사자 붙은 사위 알아보고 있으니.

공명지　　정수 씨는 신문 기자야. 청와대까지 다녀온 엘리트라구. 정치가하고 연줄도 많아요.

황금순　　이 녀석 아빨 말리랬더니 난 절대 반대다.

공명지　　(의아해 하며) 그만하면 우리 가문에 영광이잖아?

황금순　　선거 말이다.

공명지　　난 또. 아빠라고 못 할 게 뭐 있어? 사회 환원 차원에서 봉사할 수도 있는 거지.

황금순　　어떻게 모은 재산인데. 되지도 않을 일을. 재산 말아먹고 망신당할 게 뻔한데. 너 그놈과 결혼하고 싶으면 내 말 들어. 그렇지 않으면 결혼은 고사하고 재산 한 푼도 없다.

현관문이 열리면서 공달국과 성우가 들어온다.
성우의 손에는 한자반 높이의 불상이 들려 있다.
공달국 휴대폰으로 통화를 하고 있다.
연화 커피를 들고 나와 탁자 위에 놓는다.

공달국	그래. 그래 장 국장. 내 중요하게 논의할 일이 있으니 금명간 사무실로 들러주게. 그래, 그래 기다리겠네. (통화를 끝낸다)
공명지	(일어서서 맞으며) 아빠. 저 왔어요.
공달국	그래, 그래. 우리 딸.
공명지	오빠랑 어디 다녀오세요?
공달국	아냐, 아냐. 집 앞에서 만났다.
공성우	오랜만이다. 어머니 그간 안녕하셨지요? (허리 굽혀 인사하는데 불상이 기우뚱한다)
황금순	그래. 어서 오너라.
공달국	(화들짝 놀라며) 어허, 조심하지 않고. 거 천천히 탁자 위에 놓아라.
황금순	그건 뭐야?
공성우	(탁자 위에 놓으며) 아버지 보물이랍니다.
공달국	(웃고 나서) 하하하. 날 살릴 신줏단지지. 이걸 치성으로 잘 모시면 만사형통 한단다. 용하다는 보살한테서 구한 영물이니 함부로 하지 마라. (장식대를 가리키며) 저기가 좋겠다. 저기다 모실 테니 연화는 초와 향불을 준비해라. 그리고 내가 매일 아침 산에 가서 약수를 떠올 테니 하루 세 번 깨끗한 그릇에 부어 올려라. 지성이면 감천이라 했다. 알겠지?
파출부	예. 알겠습니다. 커피 내 올게요. (들어간다)
황금순	이런 귀신 붙은 걸 어떻게 한마디 의논도 없이 집안으로 들여요?
공달국	어허. 그런 망발을. 장군님 노하시겠다. (손을 모으고 허리를 굽혀 절하며) 하이고, 장군님 죄송합니다. 노여움 푸시고 무지한 것들의 망발 용서하소서.

가족들 서로를 보며 어이없어 하는데,

암전.

제 2 장

잠시 후.

불상은 장식대 가운데 모셔 놓았고, 탁자에는 커피잔과 과일 접시가
놓여 있다.

가족들은 각자의 위치에서 커피를 마시거나 과일을 먹고 있다.

공달국   자 이제 우리 집안의 미래에 대해 의논을 하자. 우리 공 씨
집안은 공자님 이래로 국가에 많은 공헌을 했다. 내 이름 달
국도 나라의 문이 되라고 조부께서 지어주신 이름이지.

황금순   서론이 너무 깁니다. 집안 내력 들춰내면 친일파 조상에 악
덕 마름 이력 다 들통납니다.

공달국   이 사람이 초장부터 초 치고 있네. 당신은 가만 좀 있어. 가
장이 하는 일에.

황금순   바쁘니까 뜸 들이지 말고 본론만 말씀하시라구.

공달국   그래. 나 국회의원 하기로 했다.

공성우   국회의원요?

공명지   (놀라며) 아빠가요?

공달국   신통방통하게 맞히는 보살님이 틀림없이 된다고 했어.

황금순   난 못 믿어. 내가 비밀리에 용하다는 점쟁이 찾아갔더니 당
신 절대 남 앞에 나서지 말라고 합디다. 패가망신하고 무병
장수에 지장 많다고. 난 절대 반대예요.

공달국 이 사람이 정말. 내 인생에 태클 걸 거야?

공성우 전 격하게 찬성입니다. 사내라면 꿈과 배짱이 있어야죠. 제
       가 도울게요.

공달국 그래. 내가 국회의원이 되면 마트를 명지한테 넘기고 넌 내
       버스회사를 맡아라.

공명지 전 학교 그만두지 않을 거예요.

공달국 거 교사 봉급 몇 푼 되나?

공명지 사람이 돈만으로 사는 건 아니잖아요?

공달국 평양감사도 제 싫으면 그만이지.

공성우 아버지. 전 중국 진출해 무역 사업하고 싶습니다. 당장 투자
       하면 대박 날 좋은 건이 생겼어요. 아버지. 하나밖에 없는
       아들 좀 도와주십시오.

공달국 넌 아직 멀었다. 좀 더 배워. 네 인생도 내 당락 여부에 달
       렸다.

공성우 (아부하며) 어디 그게 아버지만의 영광이겠어요? 우리 집안
       아니 공 씨 가문의 명예와 영광이 달린 문제지요.

공달국 그래. 열심히 도와라. 내 당선 전엔 땡전 한 푼도 없다.

공성우 엄마 돈 좀 빌려줘. 응? 이자 갚으면 되잖아?

황금순 이놈아 고리대금이라고 아무한테나 돈 빌려주는 줄 알아?
       되지도 않은 사업 한다면서 말아먹은 게 좀 적어. 누구 핏줄
       아니랄까봐 사고 쳐서 바친 합의금이 집 두 채는 샀겠다.

공달국 이놈아. 마트 관리나 잘 해. 왜 뜬금없이 아버지 과거 이력
       출장 나오게 만드냐?

공성우 이번엔 틀림없어. 엄마. 아들 좀 믿으라고.

황금순 차라리 저 불상을 믿지. 에그 나대지들 말고 좀 조용히 삽
       시다.

공명지	아빠가 꼭 나서야 될 이유 있어요?
공달국	너희들은 모른다. 내가 그 잘난 것 쥐뿔도 없는 놈들한테 얼마나 수모를 당했는지. 알량한 권력을 쥐고 있는 놈들한테 가져다 바치고 뜯긴 돈이 얼만지 알어? 아니꼽고 더러워서, 모두가 썩었어. 엉뚱한 놈들도 도의원, 시의원 다 하는데 나라고 못 할 건 뭐야?
황금순	당신 주제 파악 좀 하세요. 국회의원은 아무나 하는 줄 알아? 당신 조상 잘 만나고 돈 잘 버는 마누라 만나서 호강한 거지. 당신이 내세울 게 뭔데? 선거에 나서면 사돈에 팔촌까지 신상 탈탈 털리는 것 몰라? 내게 돈 빌려 간 놈들 악덕 사채업자라고 지랄할 테고 새벽 댓바람부터 사람들 앞에 서서 굽신거려야 할 텐데. 난 그 짓 못 해. 아니 안 해. 선거에 나서려면 이혼장에 도장 찍고 해. 난 절대 반대야. (일어서서 들어간다)
공달국	어허 저 사람이. (명지에게) 명지야 넌 날 도와줄 거지?
공명지	전 중립이에요. 애들 가르쳐야 해서 선거 운동도 못 도와 드려요.
공달국	글쎄, 이참에 그만두래도.

명지의 휴대폰이 울린다.
명지 발신자를 확인하고 한쪽에 비켜서서 전화를 받는다.

공성우	아버지. 저를 믿으세요. 저 잘 아는 선거 컨설팅 전문가가 있어요. 참, 아버지. 명혜 있잖아요. 고모 딸. 유명혜.
공달국	명혜가 그런 일 전문이야?
공성우	그럼요. 가끔 방송에도 나오는 유명 인사예요.

공달국	(마뜩지 않은 표정으로) 걔는 날 탐탁하게 생각 안 할 텐데?
공성우	지난 일은 지난 일이고. 이건 사업이잖아요? 제가 잘 설득해서 돕도록 할게요.
공달국	걔가 좋다면 어디 한번 맡겨보자.
공성우	(거수경례를 하며) 자, 그럼 전 출동합니다.

성우 나가는데 비디오폰에서 초인종이 울린다.

공명지	(휴대폰을 접으며) 아빠, 정수 오빠 왔어요.
공달국	정수? 아니 그놈이 여길 왜 와?
공명지	왜라니요? 가까운 미래 우리 가족이잖아요?
공달국	어디 사람이 없어서 그런 놈을? 안 돼.

현관에서 정장을 입은 민정수 선물을 들고 나타난다.

민정수	안녕하세요?
공달국	(돌아서며) 안녕 못하다. 여기가 어디라고 함부로 들어와?
민정수	인사드리러 왔습니다. 아버님.
공달국	(돌아서서 따지듯) 아버님? 내가 어째서 네 아버지야? 내가 그렇게 만만해 보여? 우리 집안 그렇게 우스워? 당장 나가!
공명지	아빠, 왜 그렇게 문전 박대해요. 정수 오빠가 뭘 잘못했는데?
공달국	도둑놈 심뽀지. 넌 저놈 집안에 대해서 모르냐? 저놈 조부는 독립운동을 하면서 우리 집안 친일파라고 떠들고 다녀서 얼마나 수모를 당했는데? 네놈 부친은 빨갱이 운동하다 두들겨 맞아 죽었지?
민정수	(당당하게) 전 제 집안이 부끄럽지 않습니다.

공명지	(직설적으로 쏘아붙이는데 놀라며) 어머. 아빠! 집안 조상 내력이 무슨 소용이야?
공달국	찢어지게 가난하게 사는 네 에미가 매달리기에 하도 불쌍해서 보듬어 준 것 알어?
민정수	예, 제 모친이 가정부했다는 것 잘 압니다.
공달국	그래도 고향 사람이라고 봐 준 거야.
민정수	마음속에 언제나 새기고 있습니다.
공명지	아빠, 오빠 내 가정교사였잖아요?
공달국	그런데 내 딸을 도둑질하려 해? 은혜를 원수로 갚는 거지. 출신 성분부터 다른 네가 가당키나 한 거야?
민정수	개방 천지에 출신 성분이 그리 중요합니까?
공달국	암, 중요하지. 핏줄은 못 속여. 꼭 꼴값을 하거든.
공명지	아빠, 정수 오빠 덕분에 나도 대학 나오고 교사하고 있잖아요. 오빠 인정받는 엘리트 기자예요.
공달국	시끄럽다. 남의 약점이나 뒤지고 다니는 기자가 무슨 대수냐? 기자 사위 필요 없다. 나한텐 권세와 명망 있는 집안이 필요해. 그러니 넌 여기서 썩 꺼져.
민정수	전 절대 명지를 버릴 수 없습니다.
공달국	버릴 수 없어? 이것 봐라. 네놈 집안 기질 나오는구만.
민정수	뭐라 해도 전 명지 책임집니다.
공달국	이 자식이 이거 말로 안 되겠구나. (골프채 쪽으로 간다)
공명지	아빠. 난 죽어도 정수 오빠랑 함께 살 거야.
공달국	(골프채를 쥐어들고) 그래. 이 새끼야. 너 왕년의 공달국이 모르지?
공명지	(막아서며) 아빠. 나 죽는 꼴 보려고 그래요?
공달국	명지야. 아빠 앞에서 그 무슨 망발이야?

공명지   그럼 난 어떻게 해? 나 임신했단 말이야.

공달국   (놀라며) 뭐라고? 이것들이?

      달국, 충격을 받고 정수를 노려보는데.
      암전.

제 3 장

      공달국의 사무실.
      장 국장, 소파에 앉아 공달국의 말을 들으며 커피를 마시고 있다.
      공달국은 머리가 한 움큼 빠져 있고 키도 작아졌다.

장국장   (공달국을 쳐다보며) 자네라고 못 할 거 없지. 헌데, 자네 마
         음고생이 아주 심한 모양이군.

공달국   결단을 내리기 아디 쉬운가?

장국장   아니. 그래도 그렇지. 며칠 안 보는 사이에 앞머리가 싹 날
         라 갔어.

공달국   (머리를 만지며) 골머리 좀 앓았더니 한 움큼 빠져 버렸네.

장국장   머리만이 아닌데? 자네 일어서 보게?

공달국   (일어서며) 왜 그러는가?

장국장   (옆에 가서 키를 맞추며) 자네는 고등학교 다닐 때부터 나보다
         키 크다고 자랑했지. 헌데 보게. 나보다 작아지지 않았나?

공달국   (놀라며) 어? 이게 어찌 된 일이지? 자네가 더 자란 게 아니고?

장국장   난 고등학교 때 성장판이 멈춰서 그때 그대로야.

20

공달국 스트레스가 많아서 그래. 식구들마저 한마음이 돼 주지 않으니. 고명딸마저 내 등에 칼을 꼽았지 뭔가?

장국장 무슨 일인데?

공달국 글쎄 곱게 키워놨더니. 어떤 거렁뱅이 놈팽이한테 걸려들었어.

장국장 민정수 말이야?

공달국 그래. 그 배은망덕한 빨갱이 아들 놈. 헌데 자네 그놈을 어찌 아는가?

장국장 대학 후배야. 동창회에서 동향 출신이라며 인사를 하더군. 그때 민 기자는 청와대 출입 나갔으니 아주 장래가 창창한 청년이지. 그래 내 사위로 삼고 싶어 따로 만났는데 명지 얘길 하더라고. 헛물 켠 셈이지. 놈팽이가 아니라 자네 횡재한 거야. 정치적인 야망 이루려면 그 친구 꽉 잡아야 하네. 청와대 연줄뿐 아니라 내로라하는 정치인들 많이 알고 있을 테니까.

공달국 (놀라며) 그런가?

장국장 요즘 기자는 의사, 판검사 보다 한 수 위야. 언론 권력이란 말 모르나? 재벌가들이 탐내는 사윗감이지. 그런데 자네는 싫은가?

공달국 싫다니. 명지가 날짜 잡아달라고 난리야. 그 민 서방 모친이 환중이라 빨리 식을 올려야 한다고 말일세. 요즘 젊은 것들은 국가 시책에도 열심히 참여하나 봐.

장국장 무슨 소리야?

공달국 미리 혼숫감을 마련해 놨더라고?

장국장 요즘 젊은이들은 모든 게 계획적이지. 왜 아파트라도 마련해 놓았어?

공달국	아니. 손주를 마련해 놓았어.
장국장	오. 이런 축하할 일이군. 자네 한턱 쏘아야겠네. 아들한테서 손자를 못 얻어 걱정이더니 외손자를 얻게 됐군.
공달국	그래. 태어날 손자에게 자랑스런 할애비가 되기 위해서라도 꼭 국회의원이 되고 말 거야.
장국장	가문의 전통 창조를 위해서 필승하세. (손을 내민다)
공달국	(악수하며) 자네가 꼭 좀 도와주게.
장국장	그러고 보니 자네 참 운이 좋은 것 같군, 요즘 말이야. 암행 감사가 떴다는 정보가 있어.
공달국	암행 감사가 나와 무슨 상관인가?
장국장	감사가 하는 일이 행정을 감사하는 것만 아니라 지역의 일꾼들을 발굴하는 일을 하거든. 즉 인력 뱅크를 운영한단 말이지. 거기에 들기만 하면 국회의원뿐만 아니라 장 차관이나 정부 산하 기관의 장이 될 수도 있거든.
공달국	그래. 버스조합 전국 이사장이 되려고 해도 정치적인 배경이 필요하다는 것쯤은 알지.
장국장	헌데 어제 안태호한테서 전화가 왔어.
공달국	안태호?
장국장	S그룹 기획실 출신으로 당 전략부에 픽업 되었다가 청와대 뽑혀간 행정관이지. 좀 만나자고 말이야. 내가 그래도 명색이 지방신문 국장이지만 돌아가는 사정은 누구보다 잘 알거든. 그가 근무하는 부서로 봐서 암행 감사반원일 확률이 높아. 만나면 자네를 인재 풀에 넣어주도록 요청할 거야.
공달국	(몸이 달아) 나를 좀 만나게 해 주게.
장국장	자네가 큰 꿈을 꾸고 있는데 친구로서 여부 있겠나? 비밀리에 자리를 만들어 보겠네.

공달국   정치자금 대라면 얼마든지 댈 수도 있어. (주머니에서 두툼한
         돈 봉투를 꺼내 건네며) 그리고 이거 용돈으로 쓰게.

장국장   (받으며) 친구지간에 뭘 이런 걸?

공달국   넣어둬. 일이 잘되면 크게 후사하겠네.

         인터폰이 울린다.

공달국   (일어서며) 잠깐만. (인터폰을 받는다) 그래, 들여보내. (돌아
         오며) 성우가 왔다는군.

장국장   (일어서며) 그래 그럼. 난 가겠네. (악수하며) 그가 암행 반원
         이기를 기도하게.

공달국   꼭 만나게 해줘.

장국장   시간 만들어 보겠네.

         밖에서 성우와 유명혜가 들어온다.
         장 국장 나가다가 마주치자 성우가 인사 한다.

공성우   오랜만입니다. 건강하시죠?

장국장   (눈을 찡긋하며) 그래. 일 잘되고 있지? 나중에 또 보자. (나
         간다)

공성우   예. 안녕히 가세요.

유명혜   (달국에게 사무적으로) 안녕하세요?

공달국   네가 명혜냐? 오랜만에 보니 못 알아보겠구나. 모친은 잘
         있지?

유명혜   아뇨? 투병 중입니다.

공달국   저런. 부친도 일찍 병사하더니만. 안됐구나.

공성우　(달국의 머리 빠진 모습 보고 놀라며) 아버지. 머리 일부러 밀었어요?

공달국　(머리를 쓰다듬으며) 아니다. 속절없는 세월의 횡포를 누가 피하겠느냐?

공성우　아니, 며칠 사이에 이럴 수 있어요?

공달국　신경 쓸 것 없다. 더 위엄 있고 좋잖느냐? 명혜야, 안 그러냐?

유명혜　(시큰둥하게) 예. 부티 나게 보입니다. (소파에 앉아 가지고 온 서류를 펴며 사무적으로) 자 본론으로 들어가죠. 외삼촌, 선거를 저한테 의뢰하시면 공과 사는 엄격하게 구분하셔야 됩니다.

공달국　그거야 이해하지.

유명혜　(서류를 건네며) 이건 저와 의뢰인 간의 계약서입니다. 서류를 잘 읽어 보시고 사인하세요. 공성우 님도 보증인으로 사인하시고요. 여기엔 선거 끝날 때까지 당락에 관계없이 부담해야 될 액수가 적혀 있습니다. 물론 당선 사례금은 따로구요.

공달국　(서류를 보나 안 보이는 듯 앞뒤로 당기며) 아이쿠. 이거 시력도 많이 나빠졌구만. (성우에게 건네며) 성우야, 네가 보아라.

공성우　전 이미 검토를 마쳤어요. 우선 다섯 개만 주시면 돼요.

공달국　오백?

공성우　어휴, 선거 나서는 사람이 이렇게 쩐쩐해서야. 우선 착수금 오천에, 공천 후 오천 당선 사례금 이천이에요.

공달국　(놀라며) 뭐라고 오 오천에 오천?

공성우　아버지. 선거는 돈과 조직인 거 몰라요? 십억 아니 오십억 쓸 자신 없으면 아예 나서지 말아요.

공달국　왜이래? 나도 선거해 본 놈이야.

유명혜　메뚜기도 한철이라고 때가 되니 정치 지망생들이 줄을 섰습

	니다. 저도 아무나 컨설팅하진 않아요. 성우가 부탁하니 핏
	줄도 당기고 허락한 겁니다.
공달국	(선심 쓰듯 주머니에서 도장을 내주며) 좋다. 찍어라. 돈은 나
	중에 입금하마.
유명혜	아닙니다. 입금 완료돼야 계약이 성립됩니다. (명함을 주며)
	여기 계좌번호 적혀 있습니다.
공달국	(받아 성우에게 주며) 이거 김 양에게 입금하라고 해.
공성우	(명함을 받고) 예. 알겠습니다. (밖으로 나간다)
공달국	(성우의 뒷모습 보며 못 믿겠다는 듯 인터폰을 들고) 응. 가져
	간 명함 계좌로 오천만 원만 송금해라.
유명혜	(도장을 찍고 한 통을 봉투에 담아 돌려주며) 자 계약이 성사되
	었습니다. 그럼 지금부터 컨설팅 안을 브리핑하겠습니다. 이
	플랜은 의뢰인의 아드님과 논의하고 만든 것입니다.
공달국	빨라서 좋구만.
유명혜	그리고 선거에 나서려면 사전 정지작업 과정이 필요합니다.
	(서류를 건네며) 여기 앞으로의 일정과 의뢰자님이 해야 할
	일들을 정리해 놓았습니다. 사회봉사 단체에도 참여하시고
	자선단체 기부도 좀 하시죠. 여론조사를 대비해서 동창회,
	친족회 등 널리 홍보도 해야 합니다. 그리고 제 유튜브 방송
	에도 출연하시고요.
공달국	유튜브 방송?
공성우	(어느새 들어와서) 예, 요즘 홍보에는 SNS가 대세예요. '유명
	혜의 정치 안테나' 구독자가 30만이 넘어요. 정치권에서도
	탐내는 인재예요.
공달국	그래?

유명혜   현대 선거는 이미지 선거니까 피부 관리나 의상 코디에도 신
         경 쓰셔야 합니다. 담당자를 따로 소개해 드릴게요.
공달국   (결단을 내린 듯) 좋았어. (손을 내밀며) 명혜야, 너만 믿는다.
유명혜   (일어서서 악수하며) 국회 입성을 위해 최선을 다하겠습니다.

         무대, 이두워진다.

제 4 장

         공달국이 벽면 장식장에 모신 보살상 앞에서 정성스럽게 절을 한다.
         그는 외출하려고 정장 차림이나 앞머리가 훌러덩 벗겨졌다.
         키는 더 작아진 듯 바지를 치켜 입었으나 아랫단이 바닥을 질질 끈다.
         명지와 정수 현관에서 들어오다 달국을 보고 놀란다.

공명지   (놀라며) 누구…세요?
공달국   (허리 굽혀 한참 살피고 나서) 너도 시력이 안 좋은 거냐?
공명지   아빠? 목소리는 분명 아빤데. (주변을 돌아 살피며) 아빠 도
         대체 이게 어떻게 된 일이에요? 지난주에는 멀쩡했었는데
         머리는 대머리가 되었고 키는 아주 줄어 들었어요.
공달국   (소파에 앉으며) 자연의 섭리를 누가 막아. 민 기자, 어서 오게.
민정수   (인사하며) 안녕하세요?
공명지   아니, 오빠는 이런 상태가 안녕하다고 생각해? (눈물을 글썽
         이며) 아빠 도대체 무슨 일이 있었던 거야? 아빠 선거고 뭐
         고 당장 그만둬요. 다 그것 때문이야.
공달국   너 애비 성질 몰라서 그런 소리냐? 난 한 번 한다면 목에 칼

이 들어와도 끝장을 봐야 한다. 어디 나 혼자 부귀영화 누리자고 하는 일이냐? 다 공가 집안의 역사적 사명을 완수하기 위한 일이야. 너희들과 자손을 위한 일이란 말이다.

민정수 (맞장구치며) 옳으신 말씀이십니다. 사내대장부라면 야망이 있어야지요. 저는 장인어른의 꿈이 이루어지도록 성심을 다해 돕겠습니다.

공명지 (정수를 노려보며) 오빠? 아빠의 상태를 보면서 그런 소리가 나와? 당장 병원으로 가서 종합 진단 먼저 받아요.

공달국 죽을 일 아니니 괜찮아.

공명지 (달국을 보며) 아 어떻게 해. 아빠가 불쌍해 죽겠어. (안으로 들어가며) 엄마, 엄마.

공달국 쟤는 왜 호들갑이야? 머리야 가발을 쓰면 되고, 키야 높은 굽 구두를 신으면 되지. 문제 될 게 뭐야? 안 그런가? 민 서방?

민정수 (살갑게 대해주는 달국에게 감읍하여) 그, 그럼요. 외관보다는 본질이 중요하죠.

공달국 그럼 인생 도전. 사내의 야망. 아무도 내 앞길 못 막지.

민정수 그럼요, 아버님. 제가 좋은 가발과 모자를 구해 오겠습니다.

공달국 좋았어. 자네가 그렇게 능력 있는 젊은이인 줄 몰랐어. (손을 맞잡으며) 제발 내가 당선될 수 있도록 힘써 주게.

민정수 여부 있겠습니까? 태어날 손자에게 자랑스런 조부의 후광을 위해서라도 전력을 다 하겠습니다.

공달국 헌데, 자네 안태호라고 아는가?

민정수 안태호?

공달국 자네 청와대 근무했었다며?

민정수 (그제야 알아차린 듯) 아, 안태호 행정관요? 그냥 인사는 하고 지낼 정돕니다.

공달국   잘 되었군. 오후에 그와 만나기로 약속했어. VIP의 복심이 맞는가?

민정수   예. 처신을 조심하기로 정평이 나 있는데 기회를 잘 잡으셨습니다. 당에서의 영향력도 대단하신 분입니다.

공달국   그래? 그럼 행운이구만. 조짐이 아주 좋아. 이 복장 어떤가? 지금 방송 녹화하러 가는데?

민정수   (못마땅하지만) 바지가… (하다가) 아! 코디가 있을 테니 알아서 할 겁니다.

명지가 금순을 닦달하며 안에서 나온다.

공명지   (달국을 가르키며) 엄마는 아빠가 저렇게 된 게 아무렇지도 않단 말야?

황금순   뭐가 어때서? (보다가) 어라? 언제 저렇게 벗어졌지?

공명지   아니, 그렇게 아빠한테 관심도 없어? 매일 마주 보고 살면서 저렇게 된 걸 몰랐단 말이야?

공달국   각방 쓴 지 몇 십 년 됐다.

황금순   (달국을 자세히 보고나서) 저 양반 원래 큰 키도 아니었잖아? 대머린 유전이야. 할아버지 사진 안 봤냐? 완전 훌러덩이야. 거 조합장 선거 할 때 숲속에 빈터가 생기더니 이젠 아주 운동장을 만들었구만. 파리들 미끄럼 타기 좋겠다.

공명지   엄마, 지금 농담이 나와?

황금순   머리 나쁜 사람이 잔머리 굴리면 대머리 된다더니. 다 선거 때문이야. 단명하고 싶지 않으면 제발 그만둬요.

공달국   적선 못 할망정 쪽박 깨는 소리랑 마라. (나가며) 다녀오리다.

민정수   (따라 나가며) 일이 잘 되길 빌겠습니다.

공명지 엄마. 저것 봐. 바지로 청소하고 다니잖아?

황금순 (소파에 앉으며) 아빠 성질 몰라서 그러냐? 의논을 타야 말이
       지. 놔둬라. 다 된 인생 아니냐?

공명지 엄마, 그게 무슨 소리야. 백세 인생에 사람은 말년이 화려해
       야지.

황금순 (들어오는 정수를 보며) 민 서방, 자네 여기 좀 앉게. 너도 앉
       아 봐.

민정수 (앉으며 아부하듯) 어머님은 더 젊어지셨네요.

황금순 됐구. 나 공달국 씨랑 이혼하려고 한다.

공명지 (놀라며) 엄마, 왜? 남자라도 생겼어?

황금순 미친년. 나도 말년을 편히 살고 싶어서 그런다. 남에게 굽신
       거리고 아쉬운 소리 하고 싶은 마음도 없고. 뒷담화 까이면
       서 손가락질 당하는 것도 싫다. 그러니 너희들 온전한 부모
       모시고 식 올리고 싶으면 아빠 선거에 나서는 것 말려라.

공명지 (정수에게) 오빠 들었지? 우리 미래가 달린 일이야. 아빠, 좀
       말려요.

민정수 하지만.

황금순 (말을 막으며) 뭐가 하지만야? 그 양반 꼬락서니 보았지? 되
       지도 않을 일에 나서면 오래 못 살아.

민정수 고민해 보겠습니다.

황금순 (일어서며) 자네가 왜 고민해? 알아서들 해. 나 도움 없이 살
       고 싶으면. (들어간다)

공명지 오빠, 제발 아빨 말리자. 불쌍한 우리 아빠, 당장 병원부터
       가 봐야 해.

성우 들어오자, 정수 벌떡 일어나 허리를 굽힌다.

민정수   오셨어요?

공성우   싸웠어? 왜 분위기가 썰렁해?

민정수   (급히 편한 표정 지으며) 아닙니다.

공명지   오빠, 아빠 못 만났어?

공성우   (시계를 보며) 지금쯤 녹화하러 가고 있을걸?

공명지   녹화? 오빠가 그걸 어찌 알어?

공성우   명혜 누나 시곗줄대로 움직이고 있거든.

공명지   오빠, 아빠 좀 말려. 엄청 스트레스를 받는지 머리가 다 빠
         지고 키도 작아졌어. 이러다 아빠 잃게 돼.

공성우   사내대장부가 자신의 꿈을 이루다 죽는 것도 나쁘진 않지.

공명지   상속자라 이 말이지? 아빠 재산 탕진하는 것 아깝지도 않아?

공성우   돈이란 이런 때 쓰라고 모아 놓는 거 아냐? 있는 사람이 돈
         을 써야 이 나라 경제가 돌아가는 거야.

공명지   웬일이래? 아무래도 수상해.

공성우   뭐가?

공명지   한동안 사업자금 빌려 달라고 매달렸잖아?

공성우   신사협정 맺었지. 선거 끝나면 무이자 대출받기로.

공명지   헌데. 왜 명혜 언닌 끌어들여? 명혜 언니는 언젠가부터 우리
         집에 발을 끊었잖아?

공성우   이건 사업이야. 아버진 고객이고. (안을 향해) 연화야!

공명지   없어. 고향 다니러 갔대.

공성우   그럼. 나 커피 한 잔 줘.

공명지   알았어, 정수 오빠도 마실 거지?

민정수   (따라나서며) 내가 할게?

공명지   아냐. 잠시 오빠랑 친해지셔. (나간다)

공성우   야, 너 이리 와 봐.

민정수   (놀라며) 어. 아직 매제도 아닌데. 야라니?

공성우   이게 어디서 매제 행세야? 확 까버리기 전에 이리 안 와?

민정수   (기세에 놀라며 다가선다.) 왜 그러세요. 형님?

공성우   너 혹시 우리 집 재산보고 결혼하는 거 아니지?

민정수   (놀라며) 뭐라구요?

암전.

제 5 장

인터넷 방송 스튜디오.
영탁의 '찐이야'를 개사한 선거 로고송이 나온다.
벽에는 '유명혜의 정치안테나'란 타이틀이 붙어 있고 그 앞 테이블에
마이크가 놓여 있다.
테이블 앞에서 코디가 앉아 있는 달국의 얼굴에 분장하고 있다.
명혜 옆에서 바라본다.

>공공공공 공달국 우리 공달국 / 진짜가 나타났다 지금
>공공공공 공달국 우리 공달국 / 찐하게 찍어줄 거야
>요즘같이 가짜가 많은 세상에 / 믿을 사람 바로 공달국 뿐
>한목숨을 다 바쳐 일을 할 사람 / 우리 동네 참일꾼 달국
>끌리네 끌리네 자꾸 끌리네 / 쏠리네 쏠리네 자꾸 쏠리네
>의리로 일을 할 사람…

유명혜   (볼륨을 줄이며) 로고송 어떠세요?

공달국	신선해서 아주 좋아. 수고했어.
코디	(분장을 마치며) 이 정도면 됐나요?
유명혜	(살피다가) 안 되겠어요. 언니. 가발 있어요?
코디	예. 잠시만요. (나갔다가 여러 개의 가발을 들고 온다)
유명혜	아니, 며칠 사이에 머리숱이 많이 빠졌네요?
공달국	다 세월이 준 훈장이지.
코디	(가발을 달국의 머리에 씌어 놓고) 이거 어때요?
유명혜	그건 너무 젊어 보여요. 얼굴과 언밸런스야.
코디	(다른 것을 씌운다) 이건요?
유명혜	그건 너무 나이 들어 보이고.
코디	(다시 다른 것을 씌운다)
유명혜	그게 좋아요. 아주 자연스럽고 인자하게 보여요. 수고했어요.
코디	예. (분장 도구를 챙기며 나간다)
공달국	(커다란 손거울에 자신의 모습 비춰보며 만족한 듯) 햐, 분장하니 영화배우 저리 가라군. 흐흐흐. (폼 재고 걸으며) 하긴 왕년에 아가씨들 앞에서 껌 좀 씹었지. (명혜에게) 어떠냐? 미남이지?
피디	(소리만) 5분 전입니다. 준비해 주세요.
유명혜	방송실로 가요. (시계를 보며) 방송 나가면 즉시 댓글이 올라와요. 거기에 맞춰서 제가 질문할 테니 답변하시면 돼요. 이리 오세요.
공달국	(따라가며) 생방송이라고?
유명혜	걱정하실 필요 없어요. 공달국 씨를 홍보하는 내용이니까. 있는 그대로 솔직하게 답변하시면 돼요. 자, 그리 앉으세요.
공달국	(마이크 앞에 앉는다. 얼굴이 굳어 있다) 허 이거 생방송은 처음이라 떨리는데?

유명혜   긴장하지 마세요. 여기 모니터 보시면 실시간으로 댓글들이
         올라와요. 거기 다 답변할 순 없고. 제가 필요한 질문만 드
         릴게요.

공달국   정말 많은 사람이 보는 거야?

유명혜   이게 방송으로 끝나는 게 아니라 유튜브에 저장되기 때문에
         재미있으면 사람들이 다시 보기를 해요. 그래서 홍보가 되는
         거죠. 처음에 제가 공 후보님의 소개를 먼저 하고 출마의 변
         을 말씀하시면 그 후는 제가 알아서 진행할게요. 자 저기 불
         이 들어오면 시작하는 거예요. 준비되셨죠?

공달국   잠깐만 물 좀 마시고. (테이블 위에 있는 물병을 들어 마신다)

유명혜   자연스럽게 하세요.

피디   (소리) 자, 들어갑니다. 오프닝 큐.

         방송의 타이틀 음악이 흐른다.
         벽면에는 시청자들의 댓글이 투사된다.
         음악이 끝남과 동시에 명혜가 진행한다.

유명혜   안녕하세요. 유명혜입니다. 바야흐로 선거의 계절이 다가왔
         죠? 오늘 이 시간에는 예고했던 대로 신인 정치가 공달국 씨
         를 모셨습니다. 안녕하세요?

공달국   (갑작스런 질문에 당황하며) 아, 예. 공딸꾹입니다.

유명혜   공달국 씨에 대한 이력은 자막으로 나가고 있으니 참고하시
         고요. 현재는 경기도 관광버스조합 조합장으로 계시면서 정
         치에 처음 발을 들여놓으신 참신한 분이십니다. 시청자분들
         께서는 이름과 얼굴을 꼭 기억하셨다가 여론조사 시에 꼭 눌
         러 주시고, 귀중한 한 표를 부탁드릴게요. (공달국에게) 공

조합장님께서는 어떻게 해서 늦은 나이에 정치에 발을 들여
놓으실 생각을 하셨나요?

공달국　예. 요즘 국회의원들 하는 짓거리를 보니까 싸움질만 하고.
내가 하면 그보다는 더 잘할 수 있겠다는 생각을 했어요, 선
거할 때는 머슴처럼 일하겠다 해놓고 금배지 달고 나면 상전
도 이런 상전이 없어요. 만나기도 힘들고 이권에 개입하고.
돈이나 받아먹고.

유명혜　일도 안 하고 매일 저희들끼리 뜯고 싸운단 말씀이죠?

공달국　그렇습니다. 저 공달국 정말 국민을 상전으로 모시고 지역의
문제 해결을 위해 멧돼지처럼 돌격할 자신이 있습니다. 한다
면 한다. 의리가 제 생활신조입니다.

유명혜　국회의원이 되시면 한 몸 바쳐 용맹정진할 자세가 되어 있단
말씀이죠?

공달국　그렇습니다.

유명혜　그 사이 댓글이 많이 달렸군요.

벽에 실시간 댓글들이 자막으로 흐른다.

유명혜　공 후보님을 응원하는 댓글들이 많이 올라오네요. "용감한
의리의 사나이 기대됩니다." "어 내가 아는 우리 동네 아저
씨네." "몸체에서 강단이 느껴지고 믿음직합니다." "우리 조
합장님 파이팅." 예, 고맙습니다. 후보님도 한 말씀하세요.

공달국　예. 감사합니다. 이 사람 의리의 돌쇠 공달국 믿어주세요.

자막에 공달국을 비방하는 댓글이 올라온다.

유명혜   "공달국 나쁜 놈?" 아 이거 벌써 안티가 생겼네요.

         "자기 회사 버스 기사 주어패고 내쫓은 양아치 놈이 구케이언 자격
         있나?"
         "공달국 마누라 사채 업계 큰손 아닌가?"
         "맞아. 서민의 고혈 빨아 제 배 두드린 놈이 어디다 감히 쌍판 내밀어?"

유명혜   시청자 여러분. 인신 비방은 삼가해 주세요. 여기서 잠깐 광
         고 듣고 돌아오겠습니다.

         경쾌한 음악과 함께 광고 흐른다.
         암전.

제 6 장

         호텔 스위트룸. 한쪽에 테이블과 소파가 놓여 있다.
         안태호 소파에 앉아 신문을 보고 있다.
         잠시 후 노크 소리 들린다.

안태호   예, 들어오세요.

         성우가 문을 열고 먼저 들어와 공달국을 안내한다.
         공달국은 가발을 썼다.

안태호   (일어서며) 어서 오세요. 연락 받고 기다리고 있었습니다.

공달국 (명함을 꺼내 건네며) 공달국입니다. (악수를 한다)

안태호 장 국장님께 얘기 잘 들었습니다. (명함을 건네며) 안태호입니다.

공달국 예. 만나서 반갑습니다. (성우를 보며) 얘, 너도 인사드려라. 제 아들입니다.

인태호 우린 구면입니다. 어제 장 국장님과 함께 뵀지요. (악수를 청한다)

공성우 (악수하며) 잘 쉬셨어요?

안태호 덕분에요. 자 이리들 앉으시지요. 커피 괜찮죠?

공달국 (앉으며) 아니 됐습니다.

공성우 (눈치를 주며) 아버지.

공달국 예. 좋습니다.

안태호 (인터폰을 들고) 아 여기 8503호실에 커피 석 잔 부탁해요.

공달국 (명함을 보며) 헌데, 명함에 연락처도 없고 달랑 이름만?

안태호 예. 제가 하는 일이 비밀스런 일이라 신분 노출하기가 그렇습니다.

공달국 그렇습니까?

공성우 안 실장님은 대단한 분이세요. 당에도 인맥이 상당하대요.

안태호 과찬의 말씀입니다.

공성우 여당 인재영입 팀장과는 친구 사이시고, 공천관리위원장은 호형호제하는 관계랍니다.

안태호 아유 그런 말씀 마세요. 제가 선거에 개입했다는 소문이 나면 그날로 전 모가지입니다.

공달국 바쁘실 텐데 귀한 시간 내어 주셔서 고맙습니다.

안태호 (앉으며) 무슨 말씀을요. 제가 하는 일이 숨어 있는 인재를 발굴하고 적재적소에 추천하는 일입니다. 듣자하니 공 조합

	장님은 정치에 뜻을 두셨다지요?
공달국	예, 나라를 위해서 우리 지역의 발전을 위해서 늦었지만 이 한 몸 바쳐 봉사해 보고 싶습니다.
안태호	좋으신 생각이십니다. 지역사회를 통해 성장하고 성공하셨으니 이젠 사회에 환원하실 때도 됐지요.
공달국	지금 김정표 의원. 그따위로 하면 안 됩니다. 돈줄과 비리를 내가 다 알고 있어요. 이권 개입해주고 돈 받아 처먹고. 썩어빠진 그런 놈이 국회의원이라니. 난 그렇게는 안 합니다.
공성우	(말리며) 아버지. 초면에 말이 너무 심하십니다.
공달국	왜 내가 못할 말 했냐?
안태호	저도 김 의원 잘 알지만 그만하면 양반입니다. 신병을 확보하고 공 조합장님에 대한 뒷조사를 좀 했습니다. 일만 잘 진행되면 지방 경제인을 대표해서 추천하면 되겠습니다.
공달국	(주머니에서 두툼한 돈 봉투를 꺼내 테이블 위에 놓으며) 이거 약소합니다만 활동비에 보태 쓰십시오.
안태호	이러시지 않아도 됩니다.
공성우	받아두십시오.
안태호	고맙습니다. 나랏일을 하려면 남모르게 써야 하는 돈도 많습니다.
공달국	필요하면 언제든지 말씀만 하십시오. 정치자금도 얼마든지 댈 수 있습니다.
공성우	심부름은 제가 하겠습니다.
안태호	우선 입당 원서부터 내십시오.

노크소리 들리자 안태호 재빨리 돈 봉투를 탁자 밑으로 숨긴다.
문을 열고 웨이터가 쟁반에 커피포트를 들고 와서 테이블 위에 놓고

잔에 커피를 따른다.

공성우 얼른 지갑에서 지폐를 꺼내 웨이터에게 준다.

웨이터 인사를 하고 나간다.

공달국   이력이 미천해서 죄송합니다.

안태호   아닙니다. 법인체의 장은 아무나 합니까? 그만큼 능력이나
         영향력도 대단하신데…

공달국   무슨 문제가 있습니까?

안태호   단도직입적으로 말씀드리지요. 재산이 너무 많습니다.

공달국   재산 많은 것도 죕니까?

안태호   축재 과정이 불법, 탈법이라는 게 문제지요.

공달국   조상으로부터 물려받은 것도 있지만 전부 피땀 흘려 모은 겁
         니다.

안태호   선거에 나서면 상대방 진영에서 신상을 탈탈 털 겁니다. 보아하
         니 사모님이 사채업계 큰손으로 알려졌더군요. 그것만으로
         도 아귀처럼 달려들 빌미가 됩니다.

공달국   그럼, 어떻게 합니까? 이혼해서 재산 분할이라도 합니까?

공성우   좋은 방법이 있습니다. 제게 일정 부분 상속을 하면 되잖습
         니까?

공달국   (성우를 노려보며) 택도 없는 소리. 내가 시퍼렇게 눈을 뜨고
         있는데 상속이라니?

안태호   여기서 이러지 마시구요. 자, 커피나 드시지요.

         암전.

제 7 장

병원. 의사가 달국의 키를 재고 있다. 옆에서 명지가 이야기를 듣고 있다.

의사   내려오셔도 됩니다.

공명지   예전 보다 얼마나 줄어들었나요?

의사   (컴퓨터에서 기록을 보며) 이거 뭔가 착오가 있는 것 같습니다.

공달국   뭐가 잘못되었나요?

의사   예전 검사 기록이 잘못 된 것 같아요. 기계가 고장 났나?

공명지   전자 기계가 무슨 고장이 나요?

의사   그렇게 생각하는 건 확증편향오류입니다. 기계도 오작동할 수 있는 거지요.

공명지   오작동이 아니라 현실이 그렇다니까요. 요 며칠 사이에 키가 아주 줄었어요.

의사   학계에 이런 사례는 없었습니다. 일 년 사이에. 아니 작년 12월 정기 검진 받았을 때보다 정확히 십 센티가 작아진 것은 있을 수 없는 일입니다.

공명지   있을 수 없는 일이 일어났잖아요?

의사   요즘은 하루가 다르게 급격히 변하는 세상이라 불가해한 일이 많지요.

공명지   예전에 입던 바지가 바닥에 질질 끌릴 정도로 확 작아졌다니까요.

의사   글쎄. 이해해 보려고 노력 중입니다.

공달국   그럼 이것이 새로운 질병이란 말씀인가요?

의사   질병일 수도 아닐 수도 있습니다.

공명지	참 답답하네.
의사	의사의 권위를 믿으십시오. 어디 요즘 상식이 통하는 세상입니까? 윤리와 도덕은 실종된 지 오래됐어요. 재산 때문에 자식이 부모를 죽이기도 하는 세상 아닙니까?
공명지	그게 이 상황과 무슨 상관있어요?
의사	현대의 병이란 바이러스나 잘못된 식습관에서 오는 것만이 아닙니다. 마음에서 오는 게 많아요.
공명지	그래서 키가 작아지는 원인이 뭐냐구요?
의사	다그치지 마세요. 의사들은 축적된 연구 결과와 과학적인 근거에 의해서만 병을 진단하고 치료합니다.
공달국	거 나이가 들면 다 그렇지. 안 그렇습니까? 선생님.
의사	늙으면 신체의 변화가 있기는 합니다만 그것도 정도 문제지요. 언제부터 이런 상태가 시작되었습니까?
공달국	머리가 빠지기 시작한 건 선거에 나서기로 마음먹은 때부텁니다.
의사	그게 언제입니까?
공달국	한 달쯤 되었습니다.
의사	한 달 사이에 키가 십 센티나 줄어들어요? 정말입니까?
공명지	맞아요. 한 달 전에 볼 때는 정상이었어요.
의사	신기하네? 어디 아픈 데는 없어요?
공달국	지극히 정상입니다.
의사	사고 나서 뼈가 부러진 것도 아니고?
공달국	이것 보세요. (사지를 움직이며) 멀쩡합니다.
공명지	혹시 스트레스로 이런 거 아닌가요?
의사	그것참. 어디 찾아봅시다. 잠시만요. (컴퓨터를 클릭하며 검색한다)

공명지	아빠, 다른 병원으로 가요.
공달국	너무 걱정 마라. 난 아무래도 괜찮다.
공명지	이러다 죽어요. 제발 선거 그만두세요.
의사	(확신하듯) 됐습니다. 모든 일 중단하시고. 당장 입원해서 한 달만 쉬십시오.

명지와 달국, 어처구니없다는 표정을 짓는다.
암전.

제 8 장

공달국의 사무실.
명혜와 성우가 노트북을 보며 심각하게 이야기를 나눈다.

유명혜	여론조사 돌렸는데 아직 한 자릿수야. 김정표 의원과 너무 차이나.
공성우	그러게. 지지도 끌어올릴 무슨 방법 없을까요?
유명혜	아무래도 방향을 바꾸는 게 좋을 것 같아.
공성우	어떻게?
유명혜	비례대표로 나서는 거지. 직접 주민들 앞에 나서지 않아도 되니까. 조금은 수월한 방법이지만 중앙에 줄을 잘 잡아야 해.
공성우	줄이라면 청와대 쇠동앗줄이 있지. 흐흐.
유명혜	잘됐네. 이것 봐. 방송 나간 후 댓글이 장난이 아니야.
공성우	어떤 새끼들이 숨어서 이런 지랄들이야?
유명혜	선거에 관심이 많다는 증거야. 익명의 시대, 신분이 드러나

지 않으니까 네티즌들은 자신의 생각과 감정을 여과 없이 분출시키거든.

공성우 비겁한 개새끼들. 어디 잡히기만 해봐라. 손모가지들 분질러 버릴 테니까.

유명혜 이것도 다 사회참여 방법인데 잡는다고 뭘 어쩌겠어?

공성우 아무리 인신 비방이지만 친일파의 후손이 뭐 어쨌다는 건데?

유명혜 주민의 대표가 되려면 이런 수모 다 견뎌내야 돼.

공성우 아버지가 보면 뒷목 잡고 쓰러지실걸?

유명혜 우리도 미리 대처해야지. 댓글 알바 구해야겠어.

공성우 댓글 알바?

유명혜 그래. 악성 댓글에 대한 대처와 여론 조성을 위해선 필수 과정이야. 참 아버진 어떠셔?

공성우 명지가 강제로 입원시켜서 진단을 받는데 원인을 못 찾았어. 퇴원하셔서 여기로 오는 중이야.

밖에서 소란스런 소리가 들리고, 잠시 후 여직원의 만류를 뿌리치고 취객이 비틀거리며 들어온다. 그는 왼발을 전다.

직원 (소리) 글쎄 안 계시다니까요.

취객 (문을 열고 들어서며) 공달국이 어딨어? 공달국 나와.

공성우 당신 누군데 함부로 들어와서 행패야?

취객 (알아보고) 어, 너? 공달국 아들 맞지?

공성우 이 새끼가 누구한테 너야? (달려들어 멱살을 잡고 주먹을 들며) 이걸 팍.

유명혜 성우야, 참아라. 대사를 앞둔 사람들이 이러면 안 되지.

취객 치려고? (머리 들이밀며) 어디 쳐봐.

42

공성우	(자세히 살피고 나서) 이 자식. 이거 아버지 회사에 다니다 잘
	린 놈 아냐?
취객	그래. 양아치들 시켜서 이렇게 병신 만들어 놓은 게 누군데?
공성우	그러게 노조는 무슨 얼어죽을 노조 만든다고 앞장서?
취객	법에 명시된 권린데 뭐가 문제야?
공성우	죽기 싫으면 조용히 사라져라.
취객	그래. 차라리 대굴박 박살 내줘. 편하게 저승이라도 가게.
	쳐 보라구.
유명혜	할 말 있으면 맨 정신에 오셔야죠?
취객	맨 정신? 날씨가 흐리면 온몸이 쑤시는 걸 맨 정신에 견디라
	고? 우라질 놈들아 니들이 뭐 안다고 씨부렁거리는 거야?
공성우	안 되겠다. (팔을 잡아당기며) 너 이리 나와.

공달국, 들어오다 마주친다.

공달국	무슨 일이야?
취객	오, 공달국. 너 잘 만났다.
공달국	누구시오?
취객	날 병신 만들어 놓고 시치미 뗄 거야?
공성우	(잡아끌며) 나가, 임마.
취객	흥. 그러고도 구케이원 하시겠다?
공달국	적당히 집어주고 조용히 처리해.
공성우	알겠습니다. 이리 와.
취객	(끌려나가며) 택도 없다 이놈아.
공달국	(멍하게 서 있는 명혜에게) 신경 쓸 거 없다.
유명혜	아무래도 궤도를 수정해야 할 것 같습니다.

공달국	궤도 수정? 무슨 문제라도 있는 거야?
유명혜	거기 좀 앉으시죠. 결론부터 말씀드리면 공달국 님은 지역구보다 비례대표로 나서는 게 좋을 것 같습니다.
공달국	무슨 소리야? 나도 선거를 치러본 놈이야. 관광버스 조합장 그냥 따먹은 거 아니라구. 난 하겠다는 일에 실패해 본 적이 없어. 무슨 수를 써서라도 해냈어.
유명혜	법인단체 선거와 국회의원 선거는 다릅니다. 더구나 공달국 님의 이력과 여러 상황으로 볼 때에 현직 국회의원을 경선에서 이길 확률이 낮습니다.
공달국	야당으로 나서면 되지 않나?
유명혜	이곳 주민의 출신 성분이나 선거권자의 세대 분포 상, 역대로 이 지역은 여당 지지도가 높은 지역입니다. 편한 길을 선택하시지요.
공달국	김정표. 그 녀석이 실력으로 의원 됐나? 데모나 하다가 백수로 지내던 놈이 줄 잘 잡아 바람 불어서 된 거지. 내가 그놈보다 못한 게 뭐 있어?
유명혜	인물도 좋고 재력도 나으시지만 그게 운입니다.
공성우	(어느새 들어와서) 아버지. 아버진 김정표가 갖지 못한 훈장이 있잖아요?
공달국	훈장?
공성우	별이 셋?
공달국	그게 어때서? 젊은 시절 개구쟁이질 몇 번 한 거 가지고. 이놈아 너나 잘해. 남 두드려 패서 아비 망신주지 말고.
공성우	부전자전 아닙니까? 저도 정신 차리고 사업할 겁니다. 두고 보세요. 아버지보다 더 성공할 테니.
공달국	큰소리치는 놈 치고 잘된 놈 못 봤다.

유명혜	사회는 냉정해요. 죄송하지만 사모님도 정당한 방법으로 축재한 게 아니잖아요? 선거 나서면 조상님들의 이력까지 다 까발려질 텐데 대책이 없어요.
공성우	팀장님 말씀대로 하세요. 국회의원만 되면 되잖아요?
공달국	방법은 있어?
공성우	안태호 있잖습니까? 제가 만나서 부탁해 보겠습니다. 아버진 현금이나 준비해 두세요.

암전.

제 9 장

거실에서 장 국장과 마주 앉아 있다.
공달국 자신의 기사가 실린 신문을 보고 있다.
공달국의 키는 더 작아졌다.

장국장	기사는 내가 직접 썼네. 어렸을 적부터 자네를 잘 아는 사람이 누군가? 자네의 개구쟁이 시절 이야기는 싹 빼고 가난한 생활 속에서 자수성가한 기업가로 소개했네.
공달국	(신문을 내리며) 아주 소설처럼 그럴듯하게 썼구만.
장국장	요즘은 피알(PR)시대야. 피할 것은 피하고 알릴 것은 알려야 한다는 말이지. 이 기획 기사를 읽은 시민들은 공달국의 정치 인생에 기대를 걸 거야.
공달국	뒤통수가 가렵지만 잘 포장했군. 수고했네.

장국장	언론은 사람을 죽이기도 하고 살리기도 하는 위력을 지닌 마술 상자란 걸 곧 알게 될 거야.
공달국	고맙네. (장 국장의 손을 잡으며) 내 여의도에 입성하게 되면 자네 은혜 잊지 않겠네.
장국장	은혜는 무슨. 친구 좋다는 게 뭔가? 그 나이에 정치에 발을 들여놓겠다는 게 아무나 할 수 있는 일은 아니지. 새로운 인생에 대한 도전. 대단한 신념이고 용기야.
공달국	꼭 성공하고 싶네.
장국장	아무렴 잘 될 거야. 참 안 실장이 뭐라던가?
공달국	그렇잖아도 어려운 숙제가 생겨 자네와 의논할 참이었지.
장국장	성공하는 자 앞엔 언제나 큰 난관이 있게 마련이지.
공달국	재산이 많은 게 흠이라는 거야. 자네도 알다시피 재산은 마누라가 모은 건데. 그게 걸림돌이 될 줄 누가 알았겠나?
장국장	개같이 벌어 정승같이 쓰랬다고. 좋은 수가 있네.
공달국	좋은 수라니?
장국장	재산을 분산시키는 거지.
공달국	어떻게?
장국장	실은 내가 정년 후를 대비해서 준비해 놓은 게 있네. 언론장학재단인데 물주를 찾는 중이야. 거기에다 자네의 재산 일부를 기부하면 사회 평판도 달라질 거야.
공달국	재단? 믿을 수 있는 건가?
장국장	그럼. 내가 상임이사로 들어가서 관리하겠네. 자네 딸을 이사장으로 앉히고 민 기자도 등기 이사로 하면 이다음에 상속 문제도 자연스럽게 해결 되지. 달국언론재단 어떤가?
공달국	거기서 하는 일이 뭔데?
장국장	도나 국가를 상대로 여론조사나 각종 프로젝트를 수주하는

게 주 업무지. 거기서 나온 수익금으로 유망한 젊은 언론인
을 키우는 거야.

공달국   자본금 까먹는 건 아니지?

장국장   자본금이 잠식될 이유가 없어. 사회 환원의 귀감으로 자네가
죽어도 공달국이란 이름은 영원히 남을 거 아닌가?

공달국   좋은 아이디어구만. 당장 실행에 옮기게. 시내에 있는 빌딩
을 기부하겠네.

장국장   (손을 잡고 감격하며) 자네는 이 시대 참 경제인이야. 자네가
국회의원이 되면 재단이 할 일도 많아질 거야. 잘 결단했네.

공달국의 휴대폰이 울린다.

공달국   (휴대폰을 열고) 박영철? 생전 전화 한번 안 하던 놈이 웬일
이야? 여보세요? 어. 그래. 영철이? 이게 얼마 만인가? 그래
신문 봤다구? 그래. 그래 좀 도와줘. 친구들한테 홍보 많이
해주고. 그래 알아서. 내 조합 사무실로 한번 찾아와. 그래,
나중에 보자. (끊는다)

장국장   신문 효과가 금방 나타나는구만. 박영철이 누구야?

공달국   있어. 옛날 내 밑에서 놀던 놈.

장국장   조심해. 선거 나선다면 등쳐먹으려는 놈 많으니까.

공달국   그런다고 내가 당할 놈인가?

다시 휴대폰이 울린다.

장국장   내 기사가 제대로 홍보가 됐구만.

공달국	(휴대폰을 열며) 아니 아들이야. 그래. 뭐라드냐? 뭐? 20장? (놀라며) 20억이나? 일단 알았다. 만나서 얘기하자. (끊는다)
장국장	20억이라니? 무슨 소리야?
공달국	(둘러대며) 아냐, 급히 돈 쓸 일 있어서. 헌데 말이야. 또 한 가지 해결해야 할이 있네.
장국장	얘기해 보게.
공달국	마누라 문제일세.
장국장	왜 돈 많고 이쁜 마누라가 바람이라도 피나?
공달국	자네도 알잖는가? 사채업계 큰 손.
장국장	하긴 고리대금업자라는 게 제일 큰 암초가 될 거야. 방법이 있긴 한데.
공달국	이혼?
장국장	(고개를 끄덕이며) 맞아, 그렇다고 조강지처를 버릴 순 없잖은가?
공달국	그래서 고민이네.

현관에서 종이 울리면서 황금순 들어온다.

황금순	(장국장에게) 오셨어요?
장국장	(일어서며) 예. 헌데 황 여사는 나이를 거꾸로 먹는가 봐요? 날이 갈수록 젊어지니 말입니다.
황금순	아이고 장 국장님. 넉살은 여전하시네. 어머, 일하는 애 없으니 커피 한 잔도 못하셨네. 잠시만 기다리세요.
장국장	아닙니다. 금방 나가려던 참이었습니다.
황금순	왜 내가 방해되었나요?

장국장	아뇨. 약속이 있어서요. 이 양반 국회의원 만들려면 황 여사도 바쁘시겠어요?
황금순	난 싫어요. 돈 쓰는 재미에 편히 살지. 무슨 영화 누리겠다고 선거에 나서요? 좀 말려 주세요.
공달국	사나이 가는 길에 꽃은 못 뿌릴망정 재나 뿌리지 말어.
장국장	말리긴 너무 늦었습니다. 이미 깊숙이 들어와 버렸으니까요.
황금순	난 이러고 못 살어. 이혼할 거야.
공달국	어허. 이 사람이 못 하는 소리 없네.
장국장	(달국에게 작은 소리로) 잘 돼 가는구만. (황 여사에게) 전 이만 물러갑니다.
황금순	안녕히 가세요.
장국장	예. (귓속말로) 신중하게 결정하게. 나라면 능력 있는 마누라 절대 못 버리네. (나간다)
공달국	또 보세. (돌아오며) 당신 여기 좀 앉아 봐.
황금순	왜?
공달국	글쎄. 앉아 보라구.
황금순	(앉으며) 날 설득할 생각일랑 아예 말아.
공달국	나 현금으로 20억만 빌려 줘.
황금순	20억? 이 양반이 지금 장난해?
공달국	인생에 돈이 전부는 아니잖아?
황금순	나한텐 전부야. 그 돈이 하늘에서 저절로 떨어진 줄 알아?
공달국	기회는 여러 번 오는 게 아니잖아? 난 자신 있다구.
황금순	그냥 생긴 대로 살아. 꼴값 떨지 말고.
공달국	당신 운동 나서라고 안 할 테니 돈이나 빌려줘. 이자 주면 되잖아?
황금순	이자는 됐구. 정 그렇다면 이혼장에 도장 찍어.

비디오폰에서 음악 소리 난다.

황금순 모니터를 확인한다.

황금순　　마침 성우도 왔으니 잘 되었네. 아들 증인 세우고 결판 지읍
　　　　　　시다.

암전.

제 10 장

공달국이 소파에 깊숙이 앉아 통화한다.

공달국　　그래, 그래. 입당 원서도 냈고, 면접 일정도 받았지. 시내 중
　　　　　　심가에 선거사무실도 알아보고 있어. 뭐라고 선경마트? 그
　　　　　　럴 리가 있나? 그럼. 그래. 고마워. 자네가 좀 도와줘. (전화
　　　　　　를 끊는다)

황금순 화려한 외출 복장으로 여행용 가방을 끌고 나온다.

공달국　　당신, 어디 여행 가?

황금순　　상관 마. 우리 관계는 이제 끝난 거잖아? 아들 차에 돈 상자
　　　　　　실어 보냈으니. 난 당장 법원으로 달려가 이혼장 접수 시킬
　　　　　　거야. 집이 마련되면 내 짐 가져갈게.

공달국　　꼭 이럴 필요는 없잖아?

황금순	당신이 원하는 대로 해주었는데 나한테 무슨 미련 부스러기라도 남았어?
공달국	이건 임시방편일 뿐이잖아? 내 당선하면 당신게 돌아올 거야.
황금순	아니지. 젊고 예쁜 여자들 많은데 굳이 그럴 필요 뭐 있어?
공달국	무슨 소리야?
황금순	황금마차 홍 마담이 누구야?
공달국	어 그걸 당신이 어떻게?
황금순	난 귀가 없는 줄 알아? 소문 다 났어. 똥차 치웠으니 새 차 들여야지?
공달국	그건 오해야. 내 단골 술집 마담일 뿐이라고.
황금순	오해고 육해고 난 상관없어. 이제 우린 남이니까. 잘살아 봐.
공달국	여보. 법적으로만 남이 되기로 했잖아?
황금순	당신은 인생을 장난으로 살아요? 당신 인생만 인생이고 난 아무것도 아니야?
공달국	당신이 원한 거잖아?
황금순	난 이대로의 당신이 좋아. 당신 능력만큼 살면 되는 거야. 당신한텐 조합장도 과분한 직함이라고.
공달국	여보. 사나이 야망을 그렇게 꺾진 말아. 내 인생 마지막 꿈이야.
황금순	꿈 좋아하네. 과욕은 화를 부르는 거라구. 봐 선거 나서기도 전에 땅속에 주무시는 조상님들 줄줄이 호출시키지, 난 천하의 악독한 년이라고 공익 광고하지. 당신 꼴등한 고등학교 생활기록부까지 나돌아다니고 이 무슨 망신이야?
공달국	김정표 패거리들 짓거리가 분명해. 내 이놈을.
황금순	악덕 고리대금업자니 뭐니 떠들어 봐야 내 눈썹 하나 끔쩍 않겠지만 인척들은 무슨 죄냐구?

문소리가 나고 공성우 들어온다.

공성우   어머니, 어디 여행 가세요?

황금순   이제 남남이니 분가해서 자유롭게 살아야지.

공성우   (놀라며) 위장 이혼 아니었어요?

공달국   (변명하듯) 그러게 말이다.

황금순   자 마지막 기회 줄게. 선택해. 나야? 선거야?

공달국   여보. 선거 끝날 때까지만 기다려 줘.

황금순   (성우에게) 들었지? 나 간다. 잘 있어. (나간다)

공달국   허어. 이거 참.

공성우   성질 한번 화끈하네.

공달국   전달은 잘 된 거지?

공성우   그럼요. 만약을 위해서 몰래 녹음까지 해놓았어요.

공달국   잘했다. 헌데, 너 이상한 소문 들리던데?

공성우   무슨 말씀이신지?

공달국   선경 마트 말이다. 그거 팔려고 내놓았냐?

공성우   (머뭇거리며) 잘 되고 있는데 왜 팔아요?

공달국   그렇지. 여기서 재차 확인하고 지나가자. 사장은 너지만 자본주는 나란 걸 알지?

공성우   당연한 말씀을. 그거 가짜 뉴스예요.

공달국   만약 그랬다간 아들이고 뭐고 넌 죽은 목숨이다.

공성우   아버지 성질 왜 모르겠어요. 선거가 진흙탕 싸움이라 어지간한 모략에는 귀를 막으셔야 해요.

공달국   그래. 명혜가 기획하는 일은 잘 되고 있냐?

공성우   그럼요. 제가 열심히 뛰고 있어요. 사회봉사단체 몇 군데 가입해 놓았고 노인단체, 보육단체에도 후원금 넣었어요.

공달국   잘했다.

공성우   그런데 지지율 안 오르는 게 문제예요. 아무래도 시장 방문
　　　　　도 하면서 얼굴을 알려야 할 것 같아요.

공달국   일정 잡아라. 나도 친목회다 동창회다 바쁘다.

　　　　　휴대폰 벨소리가 울린다.
　　　　　암전.

제 11 장

　　　　　공달국의 사무실.
　　　　　커피가 놓인 탁자 앞에 종친회장이 앉아 있다.

공달국   커피 식어. 어서 들게.

회장　　　여보시게 종친. 자네 항렬이 어찌 되는지 아는가?

공달국   난 국자 항렬인데?

회장　　　난 신자 항렬일세. 즉 나이는 어려도 내가 조부 뻘이네.

공달국   (얼른 일어서서 허리를 굽혀 인사하며) 아이구. 제가 깜빡했습
　　　　　니다. 할아버님.

회장　　　됐구. 종친회 행사 때 코빼기도 안 비치던 사람이 날 보자는
　　　　　이유가 뭔가?

공달국   (책상 서랍에서 봉투를 꺼내 내밀며) 이거 약소하지만 넣어두
　　　　　십시오.

회장　　　이거 뭔가?

공달국	바쁘실 텐데 먼 곳까지 오시게 해서 죄송합니다. 약소하지만 용돈에 보태 쓰십시오.
회장	(화를 내며) 허어. 이 사람이. 날 뭘로 보고. 내가 왜 자네한 테 용돈을 받나?
공달국	그간 제 불민과 불충에 대한 사과의 뜻으로 받아주십시오.
회장	됐구, 용건이나 말하게.
공달국	회장님, 제가 우리 공씨 가문을 위해서 큰일을 한번 해보려 고 합니다.
회장	왜? 종친회장 나서려구?
공달국	그럴 리 있습니까? 항렬도 안 되는데.
회장	그러면?
공달국	제가 국회의원 한번 해 볼랍니다.
회장	국회의원? 누가 시켜는 준대?
공달국	아이구, 회장님. 왜 이러십니까? 노력해야지요.
회장	그래서?
공달국	뭐가 그래섭니까? 우리 종중들의 지원을 부탁드리는 거지 요. 국회의원이 되면 가문의 영광 아니겠습니까?
회장	그래서 종친회에서 도울 일이 뭔가?
공달국	제 명함에 새기게 부회장 직함을 주십시오. 제게는 사회봉사 단체 회장 직함보다 종친회 임원 직함이 훨씬 중합니다.
회장	이보시게. 부회장이 고스톱 쳐서 따는 자린 줄 아는가?
공달국	바빠서 행사는 참석 못 했지만, 협찬금은 꼬박꼬박 냈지 않 습니까?
회장	잘 알아보고 말하게. 여러 번 독촉했는데 결재 안 났다고 책 자 광고비가 3년 치나 밀렸어.

공달국	아랫사람들이 잘못 처리한 모양이군요? 당장 결재하도록 하겠습니다.
회장	사람은 한 치 앞도 모르는 법이야. 그러니 평소에 처신을 잘 했어야지. 가문의 영광이 아니라 자네는 가문에 똥칠을 하고 다녔어.
공달국	에고, 철부지 시절 누구나 개구쟁이질 하잖습니까?
회장	누구나? 난 아닌데? 정말 자네 못된 행실 소문 들을 때마다 조상님 보기 얼마나 부끄럽던지. 아예 족보에서 지워버리려고 했다는 말 못 들었는가?
공달국	죄송합니다. 종친회 임원들을 모아주시면 정중하게 사과드리겠습니다. 도와주십시오. (허리를 굽힌다)
회장	(일어서며) 됐네. 종중들 돌아선 마음 돌이키긴 너무 늦었어. 도움 못 줘서 미안하네. 부디 뜻하는 일 성공해서 만나세. 그땐 회장 자리라도 넘겨줄 테니 그럼. (예를 갖춰 인사하고 헛기침하며 나간다.) 어험.
공달국	이런 씨팔. 너 아니라도 난 국회의원 된다. 임마. 빌어먹을.

달국, 부아가 치밀어오르는 듯 모자를 벗어 출입문 쪽으로 던지고,
탁자 옆에 있는 자그만 휴지통을 걷어찬다.
의자에 앉아 진정하는데 노크 소리 들리고 명지와 정수 들어온다.

공명지	(어지럽혀진 광경을 보고) 아빠 무슨 일 있었어요?
공달국	아무 일도 아니다. 세상 사는 일이 다 그렇지.
민정수	(모자를 집어들고) 이 모자가 마음에 안 드시나봐요?
공달국	(시치미 떼며) 모자가 외출하고 싶은 모양이다. 왜 거기 있지?
공명지	정수 씨가 아빠 드린다고 백화점에서 모자 사 왔어.

공달국 (포장을 풀며) 마음에 드실지 모르겠습니다.

공달국 나 그런 거 필요 없다.

공명지 (더 작아진 달국을 보고) 아빠. 왜 화를 내? 일어서봐. 키가
       더 작아진 것 같아.

공달국 (짜증스럽게) 다 된 나이에 머리 빠지고 키 작아지면 어떠냐?
       제발 키 이야기 하지 마라. 그 말에 더 스트레스 받는다.

공명지 (놀라며) 아빠. 거울 좀 보세요. 제발 선거 나가지 마세요. 정
       말 엄마와 헤어질 거야?

공달국 걱정 마라. 남자의 대망을 위해서 잠시 떨어져 있는 거뿐이다.

공명지 아빠. 우리 결혼식 날짜도 받았는데 어떻게 해?

공달국 결혼식? 언제야?

민정수 9월 10일입니다.

공달국 이왕이면 다음 달로 좀 앞당기자. 남들은 출판기념회도 하고
       그러는데. 사람들을 모을 수 있는 좋은 기회잖아?

공명지 아빠, 이러다 돌아가셔요. 제발 내 말 좀 들으시라니까요.

공달국 난 오늘 죽어도 할 일은하고 만다.

공명지 누울 자릴 보고 발을 뻗으랬다고 국회의원은 아빠 자리가 아
       니에요.

공달국 틀림없이 된다니까? 너희들이 도와주면.

공명지 아빠. 의사가 한 달만 쉬어보라고 했잖아요.

민정수 명지 말이 옳습니다. 건강이 우선입니다.

공달국 그 엉터리 의사 말 믿으라고?

공명지 아빠. 매일 작아지던 키가 입원해 있는 동안은 멈췄잖아?

공달국 그 황금 같은 일주일을 병원에서 보냈지만 무슨 소용이 있었
       니? 내 키가 땅속으로 기어들어가더라도 난 야망을 버릴 수
       가 없다.

공명지	아빠. 그까짓 욕심 버려. 정치가 목숨하고 바꿀 가치 있는 거야?
공달국	넌 사내의 세계를 모른다. 걱정 마라. 난 안 죽는다. 너를 위해서도 다 계획이 있다.
공명지	계획? 무슨 계획?
공달국	시내 빌딩을 기부해서 장학재단 만들기로 했다. 내가 이 세상에 온 흔적은 남겨야지. 그러니 너 학교 그만두고 이사장 해라. 결혼 선물이다.
민정수	(꾸벅 절하며) 장인어른, 고맙습니다.
공명지	난 안 해. 마음 편하게 아빠가 이사장 하면 되잖아?
공달국	아빤 아빠가 가야 할 길이 있다. 민 서방도 도울 거지?
민정수	당연히 도와야지요.
공명지	(놀라며) 오빠, 이게 아니잖아?
공달국	어허, 남자 하는 일에 끼어들지 마라. 자네, 안태호 안다고 했지?
민정수	예.
공달국	이거 자네가 가족이라서 하는 말이네만 성우 편에 정치자금 보냈거든. 모레 당에서 면접이 있는데. 그전에 만나서 분위기 살피고 오게.
민정수	예. 분부대로 하겠습니다.
공명지	오빠. 마음 변한 거야? 아빠 설득하기로 했잖아?
민정수	장인어른께선 가야 할 길이 있으시다잖아?
공명지	오빠?

암전.

제 12 장

며칠 후.

사무실에서 명지가 초조한 표정으로 명혜의 이야기를 듣고 있다.

유명혜   오후에 발표가 날 거야. 당에 지인을 통해 부탁을 해두었으
         니 발표가 나기 전에 연락이 올 거야. 헌데, 중요한 순간에
         성우는 어디 간 거야? 어제저녁부터 연락이 안 되던데?

공명지   헌데, 아버진 믿는 구석이 있는가 봐요. 기자회견 준비한다
         고 사우나 가셨어요.

유명혜   그 자신감은 어디서 나온 거지? 돈의 위력을 믿는 건가?

공명지   언니는 부정적이죠? 나도 그랬으면 좋겠어요. 아버지의 만
         수무강을 위해서.

유명혜   미안하지만 난 공달국 씨의 건강 따윈 관심 없어. 다만, 계
         약의 지속을 위해서 의뢰자의 성공이 필요할 뿐.

공명지   언니. 헌데, 언니는 왜 이 일을 맡았어요? 우리 집에 한동안
         발을 끊었잖아요?

유명혜   처음 성우한테서 제안을 받았을 때 고민 많이 했어. 과연 우
         리 아버지를 죽음에 이르게 한 외삼촌을 도와야 하는지.

공명지   고모부와 아빠 사이에 도대체 무슨 일이 있었던 거예요?

유명혜   나도 엄마한테 들어서 알았어. 외삼촌이 무슨 사업을 하는데
         자금이 부족하다고 우리 아빨 끌어들인 거야. 아버진 공무
         원이었는데 퇴직금을 몽땅 쓸어 놓고 처남 매부가 동업을 한
         거지. 헌데, 사업이 잘 안 되게 되자 공달국 씨는 막무가내
         로 자기 몫의 투자금을 돌려달랬대. 사업은 파산하게 되었는
         데. 외삼촌의 성화에 아버진 받던 연금을 해지해서 돌려주었

고 공장은 파산했지. 아버진 술로 날을 보내다 폐인이 되어 결국 목숨을 끊고 말았어.

공명지　(눈물 흘리며) 저런.

유명혜　또 있지. 내가 결혼할 때 엄마가 공달국 씨 찾아가 버스 한 대 내달랬더니 뭐랬는지 알아? 차는 맹물로 가는 거냐구. 형제간에 우애도 의리도…

공명지　(눈물 닦으며) 언니. 미안해.

유명혜　사실 선거를 치르면서 자신이 어떻게 살아왔는지 되돌아보는 기회가 되었으면 했어. 말 없는 다수가 자신의 과거를 기억하고 있다는 것을 깨우치기를 말이야. 선거는 심판이야. 당선된다고 다 성공하는 것도 아니고.

공명지　언니는 복수의 발톱을 숨긴 거군요?

유명혜　(고개를 끄덕이며) 미안해. 사실 알바 고용해 악플도 달았어. 실패하면 그것으로 내 의도는 성공이고, 당선되더라도 살아온 일생에 비춰보면 종국엔 사고 쳐서 손가락질 받으며 자멸하게 되리라 생각했지.

공명지　언니의 심정 조금은 이해할 것 같아요.

유명혜　하지만 일이 중간에 틀어졌어. 내가 알았으면 막았을 텐데. 허나 우리 삶은 어디로 흐를지 아무도 몰라. 두고 봐야지. 끝이 좋아야 다 좋은 거니까.

공명지　그게 무슨 말이에요?

유명혜　나중에 알게 될 거야. (시계를 보며) 아마도 일이 잘못 된 것 같아. 이 시간까지 연락이 없는 것 보면.

민정수, 들어온다.

민정수   분위기가 왜 이래? 소식을 벌써 들은 거야?

유명혜   발표 났어요?

민정수   예. 보도자료 신문사로 보내왔는데 후보자 명단에 아예 없
         어요.

공명지   아, 불쌍한 우리 아빠.

유명혜   그나마 패가망신 당할 기회 놓쳐서 다행이군. 공달국 씨 같
         은 분은 정치에 나서면 안 돼.

민정수   장인어른 만난 안태호라는 사람. 가짜였어요.

유명혜   청와대 라인이라면서요?

민정수   안태호는 맞는데 동명이인이더라구요. 예전부터 사칭하고
         다니는 놈이 있대요.

공명지   그럼. 사기꾼한테 당한 거네?

민정수   (끄덕이며) 조사해보니 사기 전과가 많아.

유명혜   진짜가 왔어도 안 됐을 거예요. 정수 씨도 SNS에 떠도는 것
         봤죠? 공달국 후보에 대한 평판이 너무 안 좋아요.

민정수   원래 선거란 그런 거 아닙니까? 발가벗을 용기가 없으면 나
         서지 말아야죠.

공명지   그렇게 고집을 피우시더니 결국.

유명혜   이제 내 임무도 끝이야. 계약금은 엄마 병원비로 잘 쓰고 있
         어. 우리 엄마 퇴원하면 찾아뵙겠다고 전해 줘. (가방을 들고
         이동한다) 결혼 축하해요.

민정수   예. 고맙습니다.

공명지   언니, 죄송해요. 고모 병문안 곧 갈게요.

민정수   그간 수고했어요. 안녕히 가세요.

유명혜   그래. 나중에 가벼운 마음으로 만나요. (나간다)

민정수   명지야. 공성우 어디 있는지 알아?

공명지	아니? 왜?
민정수	가짜에게 돈 주었다면 이건 대형사고잖아? 선경마트 팔렸다는 소문도 돌던데?
공명지	마트까지? 그럼 이거 계획적이잖아? (휴대폰으로 전화를 건다)
민정수	소용없어. 꺼졌어.
공명지	(다시 다른 번호로 전화를 건다)

음악벨 소리가 들리더니 반질거리는 얼굴로 공달국 전화를 받으며
들어온다.

공명지	(달려가 품에 안기며) 아빠. 불쌍해서 어떻게 해.

암전.

제 13 장

거실.
장 국장은 무심한 표정으로 소파에 앉아 있고,
달국이 게거품을 물며 분노하고 있다.

공달국	아니 대명천지에 아비한테 자식이 사기를 치다니, 이럴 수가 있나? (휴대폰의 문자를 보이며) 이것 보라구. "죄송합니다. 반드시 성공해서 찾아뵙겠습니다." 달랑 문자 한 줄 남기고 중국으로 튀었다구. 마트까지 다 팔아치우고 말이야.
장국장	어쩌겠나. 이해하고 용서해야지.

공달국 잘나가던 내 인생에 백태클 건 놈을 용서하라구?

장국장 그놈이 뉘 집 자식인데? 부자지간은 무한 책임이네. 백태클이 아니라 선수교체야. 아들에 대한 투자라 생각하게.

공달국 내 앞길을 이렇게 짓뭉개 놓았는데도?

장국장 그것도 자네가 선택한 인생 아닌가. 이웃은 자신의 뒷모습을 비춰주는 거울이야. 그게 자네가 살아온 현재의 성적표라구.

공달국 (자책하며) 아! 공달국 꼴이 이게 뭐야? 아들한테 사기당하고. 마누라와 이혼하고. 머리는 다 빠지고 키는 땅딸이가 돼 버렸어.

장국장 그래도 여기서 멈춘 게 다행 아닌가? 가끔은 넘어져야 인생이 보이네.

공달국 내가 인생 잘못 살았다는 것 이제 알았네.

장국장 이제라도 깨달았으니 다행 아닌가? 앞으로 만회해야지.

공달국 헌데, 안태호는 어떻게 된 거야? 가짜인 걸 알면서 나한테 소개한 건가?

장국장 (고개를 저으며) 나도 속았어. 그를 데리고 온 게 성우였어. 어떻게 그와 연결되었는지 미심쩍어 하면서도 난 믿었어. 그놈이 진짜 안태호랑 얼굴이 너무 닮았잖은가?

공달국 재단인가 뭔가 하는 것도 성우 짓이지?

장국장 아니야. 그건 다 계획이 있었네.

공달국 계획? 내가 이렇게 될 줄 알았단 말인가? 나만 모른 거야? 그게 누구 계획이냐구?

금순 여행 백을 들고 들어온다.
달국 주눅이 들어 외면한다.

황금순	오랜만이우? 장 국장님도 오셨군요?
장국장	예. 어서 오세요.
공달국	(혼잣소리로) 제길헐.
황금순	세상이 만만치 않다는 걸 이젠 아셨나요?
공달국	누구 약 올리러 왔나?
황금순	좋은 약은 쓰다잖아요. 좋은 공부 했지요?
공달국	법원에 간다더니 마음 변했나?
황금순	아뇨. 당신이 하는 거 보면서. 지금 같이 갈까요?
공달국	아, 아니야. 다 내려놓기로 했어.
황금순	이혼장은 내 손에 있으니 언제라도 집어넣을 수 있어요.
장국장	자네, 이젠 황 여사 손아귀에 꼼짝없이 잡힌 목숨일세.
공달국	빌어먹을 공달국 다 죽었다.
황금순	땅 알아보려고 지방 다녀왔어요.
공달국	현금 좋아하는 사람이 땅은 왜?
황금순	복지재단 만들 부지 구입하고 왔지요?
공달국	복지재단은 또 뭐야?
황금순	당신 때문에 내 인생 돌아보는 기회도 됐어요. 남들 피고름 짜낸다고 욕먹으면서 모은 돈 가치 있게 써야지요. 오갈 데 없는 불쌍한 사람들 위해 복지시설 만들려구요. 당신처럼 나도 이사장 할래요.
공달국	나처럼 이사장? 명지가 아니고?
장국장	(박수를 치며) 와. 황 여사. 참 장하십니다. 명지가 끝내 고사해서 이사장을 자네 이름으로 등기해 놓았네.
황금순	현판식 준비는요?
장국장	이미 완료됐고 날짜만 잡으면 됩니다.
공달국	그럼 이 모든 일을?

황금순	당신도 중국 갈 준비나 해요. 성우한테서 곧 개업식 초청장이 올 거예요.
공달국	개업식? 정말 세상에 믿을 놈 하나 없네.
황금순	거금을 공중에 뿌리는 것보단 아들에게 투자하는 게 백번 낫죠? 안 그래요? 장 국장님.
장국장	그럼요. 자식은 우리 미래니까요.
황금순	마트 처분도 내가 도와줬어요. 억울해할 것 하나도 없어요.
공달국	작당해서 날 유령 취급하다니? 괘씸한 놈들.
장국장	너무 노여워 말게. 전화위복 아닌가? 이게 다 자네를 위한 것이니까.

공명지 숨을 가쁘게 몰아쉬며 들어온다.
그녀의 배는 티가 날 만큼 불렀다.

공명지	아빠. 아빠. 어, 엄마도 있네? (장 국장을 보고) 안녕하세요? 아이고 숨차.
황금순	무슨 일인데 호들갑이냐? 아기 생각해서 조심해야지.
공명지	정수 오빠가. (길게 숨을 내쉰다)
공달국	민 서방이 왜? 사고라도 당한 거냐?
공명지	그게 아니고 청와대 가게 됐어.
장국장	그럼 출입처가 다시 청와대야?
공명지	청와대 언론담당 행정관으로 내정 되었다구요.
공달국	청와대 행정관?
황금순	아이고 이런 경사가. (명지를 안고 덩실덩실 춤을 추듯) 우리 민 서방 최고네. 아이고 좋아라.
공명지	엄마, 배가. 배가. 아기 놀라겠어.

황금순	(떨어지며) 어머나 괜찮니? 하도 좋아서.
장국장	내 이럴 줄 알았지. 자네 정말 능력 있는 사위 둬서 좋겠네.
공달국	가만있어 봐. 이러면 사위 빽 믿고 다시 도전해야 하는 것 아냐?
공명지	아빠?
황금순	아직 정신 못 차렸어요? 제발 좀 나대지 마세요.
공달국	(무안해 하며 머리를 긁다가) 어? 가만. 이거 웬일이지?
공명지	(가까이 와서) 아빠, 왜 그래?
공달국	(손가락으로 감촉을 느끼며) 머리털이 났어. 여기 좀 봐.
공명지	(살피고 놀라며) 어, 정말이네. 하나가 아니고 여러 개가 올라 오고 있어요.
황금순	머리카락이 없으면 어때. 그래 봐야 공달국이지.
장국장	자네 회춘 하는구만. 축하하네.
공달국	그래, 그래. 여보 오늘 저녁은 민 서방 불러서 축하 파티라 도 합시다.
황금순	당신, 낙선 파티가 아니고?
공달국	이 사람이 정말?

일동 웃는데.
암전.

제 14 장

빌딩 앞 현판식.
빌딩 앞에 전 출연진과 스태프들이 모여 있다.

누군가의 호령에 맞춰 가슴에 꽃을 단 공달국과 황금순. 장 국장과 공명지가 끈을 잡아당기면 하얀 천이 떨어지면서 '재단법인 달국언론재단'이라는 현판이 드러난다.

카메라 플래시가 터지고 박수가 쏟아진다.

현판을 중심으로 모든 출연진이 의자에 앉고 뒤에 둘러서서 기념사진을 촬영한다.

유명혜 꽃다발 들고 나타나자 반갑게 맞이하고 사진 촬영에 참여한다.

촬영이 끝나면 모두 환호하며 박수를 친다.

막.

돗추렴

❖ 등장인물

유옥순(77) 해녀

후안(25)   베트남 출신 손자며느리

김병수(30) 손자, 환경미화원

김용철   아들

심복녀   며느리

김명순   시누이

장충삼   김명순의 남편

박수호   도감

동네사람 1, 2

❖ 시간   현대

❖ 장소   제주도 어촌 마을 유옥순 씨 댁

❖ 무대   무대 뒤쪽으로 제주도의 전통 가옥, 지붕만 슬레이트로 바뀌
         었다. 무대 왼쪽으로는 우영(텃밭)이 있는데 한쪽 구석에 오
         래된 배나무가 있고 각종 송키(채소)가 자라고 있다. 오른쪽
         엔 보리낭 눌(노적가리)이 있고 그 뒤로 돗통시(돼지가 있는
         변소)가 있다.
         집의 왼쪽은 정지(부엌). 가운데 마당을 중심으로 안쪽은 안
         커리(안채) 바깥쪽은 밖거리(바깥채)가 있으나, 밖거리는 무
         대 상에서 오른쪽으로 들어가도록 설정하고 통상 밖거리에
         붙어 있는 이문간(대문)은 왼쪽으로 설정하여 올레로 나가는
         길이다.
         부엌 앞에 수돗가, 마당 가운데는 오래된 평상이 놓여 있다.

제 1 장

꿀꿀거리는 소리와 함께 무대 밝아진다.

이윽고 여자의 짤막한 비명소리 들리고 잠시 후 후안이 두 손으로 월남치마를 잡아 무릎까지 올리고 어거적거리며 돗통시에서 나와 정지로 들어간다.

유옥순, 망사리와 테왁이 든 물바구니를 들고 들어온다. 물질해서 채취한 파래와 감태를 마당 한쪽에 비닐 포대를 깔아 그 위에서 말린다.

유옥순   (집안을 살피며) 얘, 후안. (사이) 후안아.

후안   (소리) 예, 할머니 잠깐만요.

유옥순, 바구니에서 태왁과 잠수복을 꺼내 마루에 걸고 수돗가로 가 손을 씻는다.

수호 들어온다.

박수호   삼촌 집에 이서수과?

유옥순   응. 이게 누구고?

박수호   나 수호우다. 용철이 친구 마씸.

유옥순   응. 오래만이로구나. 경헌디 어떵헌 일이고?

박수호   도새기 호쏠 보래 와수다.

유옥순   우리 도새긴 무사?

박수호   나 도새기 잡는 일 허염수게. 헌디 알동네 새 집 짓는 명호네 있잖수과?

유옥순   명호네 무사?

박수호   집이 다 되언 성주풀이 허젠 허난 돼지머리 필요허댄 마씸.

유옥순   게민 우리 도새기 잡으켄 말이라?

박수호   나가 양 이 동네 누게 집 도새기 몇 근짜리 꺼정 다 꿰고 이
          수게. 잘 멕여시믄 지금쯤 삼촌네 껀 백 근은 되실 거우다.

유옥순   아이고 당최 그런 소린 말라. 그 도새긴 우리 벵수 장개 갈
          때 쓸 거여.

박수호   날 나수가?

유옥순   웃다. 해도 경해젠 길루어신디.

바수호   걱정맙서. 날 나믄 그땐 나가 구해 안넵주.

유옥순   말다. 우리 벵수가 얼매나 애지중지 질루는 건디.

박수호   삼촌, 너미 솔져도 고기 맛이 어십니다게. 호쏠만 양. 확인
          해 봅주. (변소로 간다)

          옷을 갈아입은 후안이 나온다.

후안   할머니, 물질 다녀오셨어요?

유옥순   응. (후안을 보며) 무사 어디 가젠?

후안   예. 해녀 학교 가려구요.

유옥순   물에 드는 거 경 오래 배울 게 뭐 이시니?

후안   거기 가면 친구들도 만나고 좋아요. 해녀 학교 마치면 할머
          니랑 같이 물질 할 게요.

유옥순   그래. 착하다.

박수호   (들어와 후안을 보며) 거 문들락헌게 솔토매기광 맛 좋게 솔
          져신 게 마씀.

후안   (자신을 보고 얘기하는 줄 알고) 어머.

유옥순   느 보고 하는 소리 아니여.

박수호	아, 베트남에서 왔다는 병수 각시구나? 나 윗동네 느 아버지 친구여.
후안	예, 안녕하세요?
박수호	하이고 선융광 인사성도 좋고. 하도 곱들락허연 사람들 눈독 들이쿠다.
유옥순	(버럭) 거 무슨 소리고?
박수호	아니 혼저 날 잡앙 식 올리랜 허는 소리우다.
후안	우린 이미 결혼했어요. 베트남에서.
박수호	일터가 그런 게 아니다. 잔치를 벌여서 동네 사람들한테 국시 멕이멍 신고를 해야 허는 거다. 무신 말인 줄 알아들엄샤?
후안	그럼요. 때가 되면 잔치할 거예요.
유옥순	외국 여자엔 함부로 곧지 말라. 머리가 하도 명석허연 제주 말도 다 알아듣나.
박수호	기꽈? 병수 횡재해신 게 마씀.
유옥순	무사 우리 뱅수가 뭐 어떵허댄 말고. 양지영 등치가 그 정도 면 말곡, 직장 있겠다 착하겠다. 머리가 조금 모라란 것 아 니믄 일등 신랑이주. 경 안허냐 후안아?
후안	할머니 말이 맞아요. 병수 오빠 착하고 사람 좋아요. 부족한 건 제가 채우면 되요.
박수호	그래. 천생연분이다. 삼춘 저 도새기 추럼 협주. 사름덜은 나가 모아 보크매.
유옥순	거 씨알도 안 멕힐 소리 하지도 말라.
박수호	삼춘이 안 된다면 할 수 없주만 더 이상 솔지믄 고기값 떨어 집니다 양. 잘 생각해 봅서.
유옥순	생각하고 자시고 할 거 어서. 거 어떵 키운 도새긴디 남의 일에 잡을 말이고?

후안	할머니. 서로 돕고 살아요. 아저씨 다른데 둘러보시고 없으면 다시 오세요. 제가 병수 씨랑 할머니하고 의논해 볼 게요.
박수호	기여. 역시 똑똑하구나. 고맙다. (나가려다 돌아서며) 참 헌디 행불자 신고는 허였지 양?
유옥순	거 무신 말이고?
박수호	삼춘네 부친님도 4·3사태 때 행방불명되지 않허여수과?
유옥순	그거 몇 십년 지난 일을 이제 왕 무사?
박수호	성안 비행장 알녁에서 그때 죽은 사람 시신이 무더기로 발견 되엇댄 마씸.
유옥순	참말이가? 게매 어젯밤 꿈자리가 숭숭한게 그 소식 들젠 경 했구나게.
박수호	우리도 할아버지, 작은 할아버지 시신 못 찾아수다.
유옥순	신고는 진즉에 했주만 이거 언제고? 이젠 기대도 안 햄져. 생각허민 무신 것 허느니 가슴만 능착허고 을큰헌디.
박수호	경해도 조상 시신 찾는 일인디 내부러집니까? (돌아서며) 나 감수다. (나간다)
후안	안녕히 가세요.
박수호	그려, 날 잡히면 연락해라. 도새긴 내가 잡아 줄테니.
후안	예. 고맙습니다.
유옥순	저런 염치대가리 어신 피쟁이 하고는. (평상에 앉다가 기우뚱 하자) 아이고, 이거 나 닮안 다 되어 감구나.
후안	저쪽으로 앉으세요. 그래도 아직 쓸 만해요. 병수 씨 오면 고치라고 할게요.
유옥순	(옮겨 앉으며) 기여. 우리 집 역사를 다보고 견딘 거라 버릴 수도 없다.
후안	헌데 할머니, 저 못된 꿀순이 팔아버려요.

유옥순	것도 잘 먹고 날마다 통통해지는 도새기를 무사?
후안	저를 아주 속상하게 해요.
유옥순	무슨 일 이서시냐?
후안	한두 번이 아니에요. 오늘도 속이 안 좋아서 변소에 가서 앉았는데 아 저것이 돌다리 밑으로 들어오더라고요. 난 저리 가라고 몇 번을 소리쳤는데도 말을 안 듣고 머리 쳐들고 쳐다보잖아요. 난 참지 못하고 설사를 갈겼죠. 그게 하필 돼지 머리 위에 쏟아졌는데 머리를 푸드득하며 흔드는 바람에 오물이 사방으로 튀어 옷 다 버렸어요.
유옥순	(웃으며) 호호호. 보기 좋게 당했구나.
후안	샤워하고 옷 갈아입었는데 아직도 냄새 나는 것 같아요.
유옥순	향기로운 냄새 밖에 안 난다. 괜찮다.
후안	이 녀석, 오빠 오면 몽둥이로 패 주라고 할 거야.
유옥순	거 축생이라고 타박하지 마라. 축생들도 다 사람 하는 만큼 베푼다.
후안	그럼 내가 돼지 눈 밖에 났다는 말씀이에요?
유옥순	도새기영 눈 맞추멍 잘 사귀어사주. 앞으로 도새기 것은 느가 주라. 도새긴 쌀뜨물에 깻묵 쭈시랑, 막걸리쭈시랑 타서 주는 거 제일 좋아헌다.
후안	기억해 놓을 게요.
유옥순	고향에선 아직 무슨 기별 어시냐?
후안	(고개를 흔들며) 아직요.
유옥순	경 말앙 느가 한 번 댕겨 오라.
후안	여기서 베트남이 어딘데요? 교통비도 만만치 않아요.
유옥순	여비는 나가 호쏠 보태 마. 결혼식 늦어지니 동네 사람 눈치도 보이고.

후안 할머니 걱정 마세요. 전 아무렇지도 않아요.

유옥순 일터가 그런 게 아니다. 우리 병수가 도둑장가 드는 것도 아니고 동네 사람들 국수도 멕이구, 사돈들도 보고 싶구나. 귀하게 기른 딸을 이국 만리까지 보내 주시고 이 고마움을 어떻게 갚아야 할지.

병수 들어온다. 말을 더듬는다.

김병수 가 각시야. 흐흐.

후안 오빠. 일 끝났어? 오늘은 좀 이르네?

김병수 (껴안으며) 후안 보 보고 싶어서 친구들 수 술 먹자는 거 뿌리치고 왔어.

후안 (유옥순 눈치를 보며 풀려나오며) 어머, 이거 왜 이래요. 할머니 앞에서.

유옥순 (일어서며) 에고 이젠 할망도 눈에 안 보이는 모양이구나. 시장할 텐데 밥이나 차려줘라.

김병수 하 할머니, 흐흐. 우리 각시 이 이쁘지?

유옥순 그래. 우리 집에 복덩이가 굴러들어왔다. 월남 가 죽은 네 하르방이 혼자 늙는 할멍 불쌍허연 후안을 우리 집에 보낸 모양이구나. 아멩 경해도 남들 앞에선 각시 자랑하는 거 아니여.

김병수 사 사람들이 난리여. 가 각시 보여 주라고. 흐흐 나 각신데 왜 보여줘.

유옥순 인석아, 예쁜 각시 구해 왔으면 한턱내고 그러는 거여.

김병수 하 할머니, 우 우리 빨리 결혼식 시켜줘.

후안 아이, 오빠.

74

유옥순	니도 그러고 싶다. 헌데 사돈들이 와야지. 오기만 하면 언제라도 식 올려 줄 테니 네 장모 병 빨리 낫기를 빌기나 해라.
김병수	아, 알았어. 기, 기도. 흐흐흐.
후안	배고프지?
김병수	아니. 우리 각시 보고 있으면 배 안고파. 으흐흐.
후안	아이, 오빠도.
유옥순	병수 밥 차려주고 넌 어서 학교 가. (들어가며) 난 한숨 자야겠다.
후안	예.
김병수	후 후안. 우리 어머니한테 저 전화하자.
후안	어제도 했잖아. 전화비가 얼만데. 어서 씻고 들어와, 상 차려 놓았어.
김병수	아 아까는 무지 배고팠는데 이 이젠 괜찮아.
후안	밥을 잘 먹어야 힘을 쓰지.
김병수	히 힘? (웃으며) 히히히 그 그래, 밥 많이 먹고 바 밤에 힘 하영 쓸 게.
후안	오빤 밤낮 그 생각이야?
김병수	그 그럼. 우리 아 아기 빨리 마 만들어야지.
후안	그게 힘쓴다고 마음대로 되냐구? 쓸데없는 소리 말고 평상이나 고쳐. 다리 한쪽이 불구야.
김병수	(평상의 상태 확인하며) 아 알았어. 이게 삑꾸가 됐구나.
후안	(핸드폰을 꺼내 시간을 보며) 늦었어. 밥 차려 놓았으니 국만 떠서 먹어.
김병수	(후안이 움직이는 것 보며) 후 후안. 어 어디가?
후안	(나가며) 해녀 학교.

후안 나가고 병수 배시시 웃으며 안으로 들어간다. 암전.

제 2 장

밝아지면 김명순 검은 비닐봉지를 들고 들어온다.
나이는 들었지만 도시 여자답게 화려한 복장이다.

김명순   (안채를 향해) 안에 이시냐? (사이) 용철이 어멍.

후안   (안에서 나오며) 누구셔요?

김명순   (후안을 살피며) 응 느가 그 월남에서 왔다는 병수 각시로구나?

후안   예. 할머닌 물질 가셨는데 누구셔요?

김명순   시내 사는 네 고모할망이다.

후안   고모할망?

김명순   네 죽어븐 부친에, 아니지 네 할아버지 누나.

후안   (생각하다) 아 그러셔요? 아침 일찍 가셨는데 오실 시간 되셨
어요. 안으로 들어와 기다리세요.

김명순   (평상에 앉으며) 아니다. (검은 비닐을 건네며) 오는 길에 과일
있기에 사왔다. 이거 받고 나 시원한 물 한 잔만 다오.

후안   예. (받으며) 잠깐만 기다리세요. (들어간다)

김명순   (핸드백에서 손수건을 꺼내 닦으며) 아이고 덥다. 추석이 다가
오는데 무슨 날씨가 이 모양인지.

후안   (물컵을 가지고 오며) 드세요. 이 마을 물맛은 최고에요.

김명순   (컵을 받아들고 들이키고 나서) 어 시원하다. 헌데 병수는 어
떻게 만났어?

후안   결혼상담소 통해서 만나서 베트남에서 식 올렸어요.

김명순 그래? 그 모자란 아이 받아줘서 고맙고 장하다.

후안   병수 오빠 마음이 얼마나 착한데요. 체격도 당당하고 정상적
       인 사람이었다면 제 차례가 됐겠어요? 히히 운명이에요. 제
       아버지가 라이따이한이거든요.

김명순 라이따이한?

후안   할아버지가 한국인이란 말씀이에요.

김명순 병수 할아버지가 월남 갔다 죽은 건 알어?

후안   얘기 들었어요. 그래서 돌아가신 할아버님이 맺어줬다고 할
       머니가 말씀하셨어요.

김명순 한국말을 잘하는구나?

후안   아버지한테 배웠어요. 아버지도 한국에 오려고 열심히 배웠
       대요.

김명순 아버지는 살아계신 거여?

후안   (고개를 끄덕이며) 고기 잡으며 어머니 병간호해요.

김명순 저런. 많이 아픈 게로구만.

후안   아니에요. 병 다 낫고 있어요. 어머니 병 나으면 함께 한국
       오셔서 결혼식 참석도 하고 여행도 시켜 드릴 거예요. 나도
       한국 꼭 한번 오고 싶었는데 이렇게 시집 와서 살게 되니 꿈
       만 같아요. 친구들이 얼마나 부러워하는지. 한국 총각 소개
       해 달라고 난리에요.

김명순 그렇구나. 참 뒷간이 저기 맞지?

후안   예. 돼지 조심하세요.

       명순, 뒷간으로 가고.
       후안, 컵과 비닐봉지를 들고 들어갔다가 쟁반에 과일과 과도를 들고
       나온다.

유옥순, 물 바구니를 들고 들어온다.

후안   (인사하며) 다녀오셨어요?

유옥순   웬 과일이야?

후안   고모할머님이 사 오셨어요.

유옥순   고모할망? (알아차리고 편치 않은 듯) 으응, 그 여편네가 웬
일로?

김명순   (옷을 추리며 나오며) 아파서 누운 줄 알았는데 아침 물질도
햄구나?

유옥순   와수가? (후안에게 물바구니를 가리키며) 애야, 저거 좀 정리
해라.

후안   예. (물바구니에서 테왁과 물옷을 꺼내 수돗가로 가져간다)

유옥순   그거 다 단물에 씻었으니 그냥 햇빛에 말리기만 하면 되고
톳이나 널어라.

후안   예. (비료 비닐을 가져다 마당에 깔고 망사리에서 톳을 꺼내 말
린다)

김명순   어째 사람을 봐도 시큰둥한 얼굴이야?

유옥순   (핑계를 대듯) 하근디가 아프고 피곤허연 마씸. 참 고모부는
입원했다고 하던데 차도가 이수과?

김명순   아니, 소문 듣고서도 병문안 한 번 안 온 거라?

유옥순   나도 제우 오멍허므로 시내까지 저서다닐 정신은 어수다.

김명순   아맹 경해도 그렇지. 따지고 보면 그 병이 다 용철이 때문 생
긴 거 알암서? 그때 후유증으로 고생 고생허다가 영 된 거주.

유옥순   참 나 원. 그게 언제적 얘긴데 아직도.

김명순   세월 지나도 그게 잊어지는가? 잊어불게 따로 있주.

유옥순   그 일로 우리 용철인… 아니 그만 둡주.

후안	(망사리에서 문어를 찾아 들고) 할머니 이거 엄청 크네요? 아직도 살았어요. (손을 감아오르는 문어의 다리가 징그러운 듯) 할머니 이거 보세요. 으으.
유옥순	그 물꾸럭, 생복이영 구쟁기영 담앙 고모할망 드리라.
후안	예.
김명순	아니야, 아니야. 그게 다 돈인 걸.
후안	우리 할머니 이런 거 잘 잡아오니까 부담 갖지 마세요.
유옥순	아져당 아주버니 죽이나 써 드립서. 물꾸럭은 끓는 물에 살짝 드리쳤당 좀질허게 썰엉 참기름에 살살 볶앙 죽을 써 먹으민 기력회복에 좋덴 헙니다.

후안, 해물을 비닐봉지에 담아 가져와 옆에 놓고 나서 과일을 깎는다.

김명순	고맙네. 헌데 그럴 기회가 어실 거 담다.
유옥순	(의아해서) 양? 그게 무신 소리우꽈?
김명순	의사 말이 나이도 있고 가망이 없댄 해라.
유옥순	경 돼수가?
후안	(과일 접시를 내밀며) 이거 좀 잡수세요.
김명순	애가 눈치도 빠르고 착하네. (과일 한쪽을 들고 먹는다)
후안	할머니도 드세요.
유옥순	입맛도 없고 느나 먹어라.
김명순	(화제를 바꾸며) 참. 도새기 잡을 때 되아선 게.
유옥순	갑자기 도새긴 무사 마씸?
김명순	그 양반 이시 저시 하니 하나씩 우렁마춰야 할 거 같아서.
유옥순	그거 병수 잔치에 쓸 거우다. 다른 데 알아봅서.
김명순	는 아직도 우리 영감신디 섭섭한 감정 이시냐?

유옥순　무사 고모부 얘긴 또 꺼냄수과?

김명순　하긴 우리 영감 재게 죽어부러시믄 속 시원할테주.

유옥순　말이야 버른 말이주. 부친 죽인 웬수가 죽는다고 잊혀집니까?

김명순　웬수? 하이고 참말로 어이가 없네. 따지고 보면 참 웬수는 느그 신랑 상옥이지.

후안　(듣다가) 할머니들 왜 이러세요?

유옥순　나 북부기뒈스젠 옵디가?

김명순　초마가라. 웬수영은 어떵 결혼허영 살아신고?

유옥순　날 골빈 년이랜 놀리는 거꽈? 그걸 알아시믄 어떵 살아집니까? 무사 월남은 보내영 사람 죽게 만듭디가? 양 무사?

김명순　이거 물에 빠진 사람 건져 놓으난 보따리 내놓으라는 격이네. 그때 상옥인 나이가 많안 어림도 어서신디 사정사정하기에 우리 영감이 힘을 썽 보내준 건디 지금 와서 무슨 소리야. 상옥이 때문 이 정도 산 거 아니? 목숨 바꾼 돈으로.

유옥순　돈이 무슨 소용이우꽈. 난 바다만 이시민 얼마든지 삽니다. 헌디 죽어븐 사람 얘긴 무사 꺼낸 이 난리우꽈? 공쟁이 걸래 와시면 그만 갑서.

김명순　(일어서며) 가주. 아예 형제간 의리도 끈어불주. 도새기 하나 가정 경 유세 떨지 말라. 형제간 의리도 어시. (나가려 움직인다)

후안　(봉지를 들고) 고모할머니, 이거 가져가세요.

김명순　필요없다. 너네나 잘 먹고 잘 살라. 초하룻날부터 재수없어. 에이 퉤. (침을 뱉고 나간다)

유옥순　의리 좋아하네. 망할 놈의 할망구 하고는. 후안아 정지에 강 소금 아져당 뿌리라.

후안　할머니, 왜 그러세요. 형제간이라면서?

유옥순	형제가 아니라 애초부터 웬수여, 웬수. 나가 속아서 이 집안에 시집 온 거야.
후안	할머니. 그런 소리 마세요. 할머니가 시집 안 왔으면 병수 오빠도 없고 내가 어찌 여기 있겠어요?
유옥순	하긴 경허다만.
후안	할머니, 할머니 아버님은 어떻게 된 거에요. 말해 주세요. 궁금해 죽겠어요.
유옥순	지나간 옛일 알아서 무엇허잰. 생각하기도 싫다. (수돗가에서 바가지로 물을 떠서 마시고 숨 비우는 소리를 낸다.)
후안	할머니. 제 꿈이 소설가거든요. 가슴에 담아두면 병이 돼요. 할머니. 아픔 제가 글을 써서 풀어드릴 게요.
유옥순	(돌아오며) 그려 이제 느도 우리 집 사름 되어시난 집안 내력은 알아야겠지. 요영 앉아라.
후안	잠깐만요. (주머니에서 핸드폰을 꺼내 작동하며) 녹음해 두려구요. 말씀하세요.
유옥순	그러니까 해방이 되고 나라가 무척 어지러운 때였지. 내 나이 열 살 때 사람이 총 맞아 죽어가고 죽창에 찔리고 무시무시한 세상을 보았다.
후안	우리 베트남에도 전쟁이 있었어요. 우리 아버지도 전쟁 때 폭격 맞아 한쪽 다릴 잃었어요.
유옥순	저런.
후안	어렸을 적 그랬는데 머리는 아주 좋았대요. 동네뿐만 아니라 전국 대회까지 나가 받아온 상장이 많아요.
유옥순	경 영리하니까 우리나라 말을 혼자 익히고 널 가르쳤겠지. 그 피를 받은 후안도 영리하고.
후안	제가 할머니 말씀 막았네요.

유옥순   아 참. 그 때도 추석 명절이 가까워 가난 우리 집에서 돗추렴을 했주.

후안   돗추렴이 뭐에요?

유옥순   응. 그게 제사 명절을 하려면 도새기 고기가 필요하거든. 그래서 동네 사람들끼리 필요한 만큼씩 공동 부담을 해서 돼지를 잡는 일이지.

후안   아, 그렇구나. 돼지가 귀하니까.

유옥순   그때 나라에선 섬의 젊은 장정들은 모두 빨갱이라 해서 심어가던 시절이었어. 우리 아방은 토벌대가 무서워 산으로 피신했저.

후안   그때 우리나라도 양쪽으로 나누어 싸웠대요.

유옥순   그랬지. 그 난리통에 우리 하르방과 아버지가 죽었다. 그땐 먹을 게 귀하던 시절이라 제삿날 명절날이라야 곤밥에 도새기 고기를 맛볼 수 있었으니까.

후안   곤밥?

유옥순   쌀밥을 예전엔 곤밥이라 그랬다. 헌데 그건 밤 열두 시가 넘어 제를 파해서야 먹을 수가 있었지. 그거 한적 얻어 먹으려고 오는 잠 눈 비비며 얼마나 애를 썼는지.

후안   할머니 이야기가 자꾸 다른 데로 새고 있어요.

유옥순   그렇지 돗추렴 이야기 했었지. 하여간 할아버지가 동네사람들 성화에 못 이겨 도새기를 잡았지. 돗추렴하는 날은 동네 잔치날이 됐다. 아이덜은 도새기 오줌보로 공놀이를 하고. 배설에 순대에 멈국이랑 얻어먹을 게 많았으니까. 그런데 문제는 그날 저녁에 일어났어. 일이 다 끝나 가는데 우리 아버지가 나타난 거야. 돗추렴 소식이 산 사람들한테도 알려졌던 모양이야.

후안	산으로 피신하신 분 말씀이죠?
유옥순	암. 어린 시절이었지만 지금도 기억이 생생해. 깡마른 얼굴에 텁수룩한 수염으로 내 뺨을 부비며 울던 아버지. 그게 마지막이었다.
후안	마지막이라니. 왜요?
유옥순	산에 이시민 먹을 거라곤 나무 열매뿐이니 얼마나 배가 고파시크냐? 하르방은 아버질 배불리 먹이고 괴기랑 순대를 싸서 다시 산으로 보낼 준비를 하는데 한밤중에 경찰이 들이닥친 거야.
후안	누가 고발을 했군요.
유옥순	(끄덕이며) 산에서 내려온 사람을 지서에 알리면 상을 주었거든. 돗추렴에 참여한 사람 중 누군가 지서에 가 꼬질른 거야.
후안	어디서나 나쁜 놈은 꼭 있어요. 그래서요?
유옥순	경허연 아버지와 할아버지가 잡혀 가고 그 후론 행방을 몰라. (눈가를 훔치며) 그런데 세상에 비밀이 어신 법이더라. 아주 오랜 시간이 지난 후 나가 이 집에 시집오라네 용철일 낳고 남편이 죽고 나서야 사건의 진실을 알게 되었다. 아버지영 고찌 잡혀 있다가 용케 도망쳐 나온 사람을 만나 얘기를 듣게 되었지. 그 고모 할망 남편 되는 사람이 그때 서청출신 경찰이었는데 우리 할아버지와 아버지를 잡아간 당사자라는 거였어. 그 말을 들은 때도 그는 시내에서 경찰을 하고 있었다. 난 아버지 행방을 알려고 찾아가 사정했지. 헌데 거기서 충격적인 얘기를 들은 거야. 박복한 년의 팔자라니.

무대 어두워지고 한쪽 구석에 젊은 시절 장충삼 나타난다.
유옥순은 평상 앞에 엎드려 사정한다.

유옥순   제발 영 빌엄수다. 우리 하르바님과 아버지 어떵 되어신디
         말씀 해 주십서. 예 아주버님.

장충삼   거 몇 십 년 지난 옛날 일을 무사 나한테 왕 들엄서?

유옥순   아맹 오래 되어도 알건 알곡 밝힐 건 밝혀얄 것 아니우과?

장충삼   (시치미 떼며) 난 모르는 일이야.

유옥순   죽었는지 살았는지도 모르곡 제사 드리고 이수게. 사람들이
         아주버님이 붙잡아 갔댄 고랑게 똔난 이야기꽈.

장충삼   난 상부의 지시에 따라 육지로 보냈어. 그런 빨갱이들이 무
         사하리라 생각하는 게 잘못이지.

유옥순   정말 육지로 보낸 게 맞수과? 그날 잡아간 사람들 재판도 어
         시 처형한 게 아니구마씸?

장충삼   누가 그 따위 소리해?

유옥순   구사일생으로 도망쳐 나온 사람들이 거짓말을 허쿠가?

장충삼   (마음을 숨기는 듯 헛기침을 하고서) 난 그런 짓 한 적 없어.

유옥순   돗추렴허영 가족들 먹인 게 죄우꽈? 뱃일 하는 촌무지랭이
         우리 아방이 어떵 빨갱이란 말이우꽈? 아주버님. 우리 아방
         광 하르바님 어떵 해부러수과? 예. 제발 고라줍서.

장충삼   그려 알고 싶다면 말해주지. 애초에 일을 그렇게 만든 것이
         누군지 알아? 내 이런 사실은 무덤까지 가져가겠다고 약속
         했지만 이제 상옥이도 가버렸으니… 생각해 봐. 그때 고발한
         사람이 없었으면 어떻게 그들을 잡아갈 수 있었겠나?

유옥순   지금 무슨 말씀하시는 거우꽈?

장충삼   그 고발자가 당신 남편 김상옥이었단 말이야. (사라진다)

유옥순. 충격에 빠지고 멍한 사이 젊은 시절의 명숙 나타난다.

유옥순   언니는 그런 사실을 알면서도 우리 결혼을 모른 채 했단 말이우꽈?

명 숙   내가 알았다면 그냥 두고 보진 않았겠지. 우리 영감 입이 무거운 사람이라 나에게도 오랜 세월 숨겼거든. 상옥이가 죽고 나서야 왜 하필 너를 반려자로 택했는지를 알았어. 그건 너를 행복하게 만드는 것이 자신이 저지른 일에 대해 속죄하는 일이라 판단했던 거 아니겠어?

유옥순   이럴 순 어수다. 어떵 인간의 탈을 쓰고 우리 집안을 통째로…

명 숙   따지고 보면 상옥인 어린 마음에 상금이 탐나서 그랬던 것이고, 크면서 얼마나 고민을 했으면 너를… 그리고 월남에 자원해 가서 죽음 무릅쓰고 돈을 벌려고 했겠어? 그 동안 부쳐오는 돈으로 잘 먹고 잘 살았잖아? 죽은 우리 동생만 불쌍하지.

유옥순   그걸 무사 이제사 골암수가. 무사?

유옥순 울부짖는데 암전.

제 3 장

며칠 후. 꿀꿀거리는 돼지 소리와 함께 무대 밝아진다.
후안과 병수. 돗통시 쪽에서 손을 털며 나온다.

김병수   거 봐, 도 도새기 잘 먹지?

후안   아주 좋아하네. 앞으로 돼지 것은 내가 줄 거니까, 오빠는 먹이나 구해 와요.

김병수   마 마을에 기름집 있어. 도 도새기 깻묵 좋아해.

후안	그래 알았어요. 헌데 저녁에 꼭 내가 나가야 해요?
김병수	그 그럼. 그 그거 때문 치 친구들이 나 쉬는 날 어 얼마나 기 다렸다구. 다 당신 소개 시키라구. 해해해.
후안	알았어요. 예쁘게 화장하고 기다릴 게요.
김병수	해해해. 치 친구들 우리 새각시 보면 부 부끄러워 죽을 거야. 해해해.
후안	부끄러운 것이 아니라 부러워.
김병수	그래. 부러워. 해해해.
후안	식당은 예약했어요?
김병수	지 지금 나가서 기 기름집 들리고 시 식당 에 예약할 거야.
후안	할머님도 모시고 가야죠.
김병수	그 그럼.
후안	어서 다녀와요. 내가 말씀 드릴 게요.
김병수	다 다녀올 게. (나가다가 다가와 후안을 껴안는다.)
후안	어머, 대낮에 이거 무슨 짓이에요?
김병수	뭐 어때. 내 가 각신데. 나 후 후안 무지무지 좋아.
후안	(인기척을 느끼며) 이거 놔요. 할머니 나와요.
김병수	다 다녀올게.

병수 싱글벙글 거리며 나간다. 방 안에서 나오는 유옥순이 뒷모습을 본다.

유옥순	오늘은 일찍 들어왔네?
후안	오늘 일 안 나갔어요. 쉬는 날이라고. 저녁에 친구들한테 한 턱 쏜다고 식당 예약하러 갔어요. 할머니도 함께 가요.

유옥순	난 싫다. 너나 가서 하영 먹고 축하 받아라. 젊은 애들 노는 데 늙은이 눈총받기 싫다.
후안	정 그러시면 포장해서 갖고 올 게요. 바다에 가시게요?
유옥순	오늘은 사리라 물에 못 든다. 밭에 강 검질 좀 매사키여. 요 메칠 걸렀더니 엄블랑해서라. 날씨가 가물언 큰일이여.
후안	할머닌 너무 부지런하세요. 밭일도 하고 물질도 하고. 좀 쉬기도 하세요.
유옥순	일하단 사람은 쉬면 병난다. 그게 제주 여자들의 팔자다. 오죽하면 쇠로 못나면 여자로 난다고 하겠냐? 여기선 아들보다 딸을 나야 좋아해.
후안	왜요?
유옥순	딸이 물질허영 돈 벌어오는 재산 밑천이니까? 그래서 딸 많은 집은 부자라고 하지.
후안	여자의 섬이라는 게 다 이유가 있었구나.
유옥순	도새기 것은 줬어?
후안	예, 수박 껍질이랑 얻어온 막걸리 쭈시 주니까 와삭바삭 잘 먹어요.
유옥순	그 녀석 살이 쪄 갈수록 걱정이 되는 구나.
후안	(화제를 바꾸려고) 할머니, 이제 나도 할머니랑 물질 할 수 있어요. 잠수하는 법이랑 빗창으로 전복 따는 법까지 다 배웠어요.
유옥순	숨 비우는 법도 알어?
후안	그 휘파람같이 소리내는 거 말이죠?
유옥순	그래.
후안	(자랑스럽게) 그럼요. 물속에서 숨을 오래 참을 수 있어요. 다음 주에 수료식이에요.

유옥순   그려? 착하다. 이제 제주 사람 다 되어 가는 구나. 가만있어
         봐라. (도로 안으로 들어간다)

         후안, 수돗가로 가서 손을 씻는다. 유옥순, 망사리와 테왁을 들고 나
         온다

유옥순   어디 물 때 맞춰 혼디 가보자. 옛다. 이거 선물이다.
후안   (받으며) 이거 할머니가 만드셨어요?
유옥순   네가 해녀 학교 다닌다고 할 때부터 준비해 뒀던 거다.
후안   (기뻐하며) 와 우리 할머니 최고다. 고마워요. 이걸로 전복이
         랑 해삼 많이 많이 잡을게요.
유옥순   인석아. 물질 그렇게 만만한 게 아니야. 우습게 봤다간 바당
         에 잡혀 먹힌다. 모든 게 순서가 있는 법이니까. 넌 누께통
         에서 이 할망신디 다시 배워.
후안   할머니 누께통이 뭐예요?
유옥순   좀수가 되려면 물이 얕은 겡이통에서 헤엄을 배우고, 조금
         깊은 곳, 누께통에서 물에 들어가는 법을 배워야 하는 거야.
후안   자맥질하는 건 진즉 마쳤지요. 내 실력 보시면 깜짝 놀라실
         걸요?
유옥순   기여. 기여. 하이고 이렇게 착한 우리 손주 며느리, 느 아방
         이 봐시민 좋아할 건데.
후안   참 사진을 보니까 우리 아버님 틀이 좋고 멋지게 생겼는데
         어떻게 돌아가셨대요?
유옥순   (옛 생각에 잠기며) 흐흐 그 녀석 애비처럼 덕대가 좋았지. 어
         려서부터 우리 용철이 이길 놈이 없었어. 하도 싸움 잘해서
         병원비에 합의금에 에미 속도 많이 태웠지. 그 뭐시냐 (흉내

내며) 이렇게 하는 운동.

| 후안 | 아 태권도요? |

유옥순 그래. 태권도 선수로 대회 나가서 메달도 하영 탔다.

후안 오빠가 보물이라면서 보여줬어요. 오빠도 아버님 닮아서 덩치가 좋은가 봐요.

유옥순 그 녀석 머리만 정상이었어도 한 가닥 했을 건데. 허나 이다음 애기가 어찌 이상하게 될 거라곤 생각 마라. 그 녀석 배냇병신은 아니니까?

후안 그 얘긴 저번에도 했잖아요? 뇌수막염으로 몇 달 간 고생했다구요.

유옥순 그랬나?

후안 걱정 안 해요. 헌데 잘 나가던 아버님이 왜 일찍 돌아가셨어요? 아버님도 몹쓸 병에 걸렸어요?

유옥순 그것도 다 그놈의 영감탱이 때문이지. 광주에 그 뭐시냐 사건이 나던 해에 우리 용철이가 깡패라고 잡아간 거야.

후안 (갑자기 헛구역질을 한다)

유옥순 얘야 왜 그러냐? 뭘 잘못 먹었냐?

후안 낮에 바다에서 짠물을 너무 많이… (다시 헛구역질)

유옥순 봉 먹었구나. 어서 방으로 들어가서 좀 쉬어라.

후안 예 할머니. 속이 니글거리는 게. 영.

유옥순 (고개를 갸우뚱) 병원에 가 봐야 하는 것 아니니?

후안 (들어가며) 조금 쉬면 괜찮아질 거예요.

어두워지면서 유옥순에게만 스포트라이트 떨어지고,
한쪽에 젊은 시절의 수호 나타난다.

박수호 (들어오며) 삼촌. 삼촌.

유옥순 (평상에 앉아 채소를 다듬는다) 무사, 또 우리 용철이 사고 쳐시냐?

박수호 그게 아니고 용철이 잡혀 가수다.

유옥순 경찰서 드나든 게 한두 번이라야 말이주. 이젠 아무 상도 않다.

박수호 나 얘기 잘 들업서 양. 나라에서 사회정화를 한다고 깡패나 불량배들을 그 뭐시냐 응 삼청교육대에 잡아다 정신개조 시킨답니다.

유옥순 뭐 잡아가? 아니 우리 용철인 아직 학생인디? 무사 우리 용철이가 깡패가?

박수호 그거 소용어수다. 학교 파하고 집에 오는디 차 들이대고 잡아가 붑디다. 얼른 명순이 고모 찾아가 봅서. 그 고모부가 시내 경찰 간부 아니우꽈. 사정하면 빼낼 수도 이실 거우다.

유옥순 아니여. 잘 되졌져. 그 자식 이 참에 정신 차리게 내블켜.

박수호 삼촌. 거기 잡혀가면 맞앙 죽거나 병신 되엉 나온댄 마씸. 용철이가 무슨 죄 이수가? 우리한텐 정의의 사잔디. 용철이 성질에 고분고분 말 들을 아이도 아니고. 하나 이신 아들 개죽음 당해도 좋댄 허는 거우꽈?

유옥순 (놀라며) 그게 촘말이가?

장면 전환되면, 한쪽에 장충삼 나타난다.

장충삼 그건 나도 어쩔 수 없어. 나라에서 읍내에 할당량 주어 잡혀온 거니까? 용철이가 싸움 잘하는 거 나도 알아. (서류를 보며) 사유가 조직폭력배로 되어 있구만.

유옥순   우리 용철인 운동 선수우다. 싸움을 걸어온 아이들 혼내 준
        거 뿐인데 무슨 깡패란 말이우과. 어멍 생각 끔찍이 잘 허는
        착한 아인데. 아주버님. 용철인 조카 아니우꽈? 한 번만 봐
        줍서.

장충삼   (고개를 저으며) 그놈 사람 만들려거든 그냥 놔둬. 정신 개조
        시킬 수 있는 좋은 기회니까.

유옥순   아방어시 키운 새낀디 용철이 어시믄 나 무슨 희망으로 살아
        갑니까? 제발 한 번만 살려줍서. 예 아주버니.

장충삼   거기 간다고 다 죽는 건 아니야. 세상이 바뀌었는데 순응하
        면서 살아가야지. 지난 번 시내에서 데모하는데 그 녀석이
        앞장서서 돌팔매질 하는 걸 내 눈으로 봤어. 어린놈이 무얼
        안다고. 가만히 놔두면 빨갱이가 돼. 이번 참에 새 인간 되
        야지. <u>흐흐흐</u>.

유옥순   (울부짖으며) 정말 너무 햄수다. 남도 살려주는데. 제발 우리
        용철이 한 번만 뵈 줍서 양 아주버님. 아이고 불쌍한 용철아.

        암전 속에서 유옥순의 내레이션.
        비바람 소리 거세다.

유옥순   (소리) 착하던 놈이 거기 다녀오더니만 많이 변했어. 그렇게
        고분고분하던 아이가 신경질도 많아지고, 얼마나 맞았으면
        온몸이 수술자국이고 골병들언 비만 오면 하근 데가 쑤셔서
        뒹굴며 난리도 아니었어.

김용철   (평상에 누워 몸이 아파서 신음을 하며 나뒹굴며 발광을 한다)
        <u>으 으흐흐</u>. 어머니 나 좀 살려 줘. 아이고. 아이고 삭신이야.
        아이고 나 죽네.

암전.

제 4 장

밝아지면 80년대 중반이다.

용철 쇼핑백을 들고 들어온다. 유옥순은 평상에서 채소를 다듬고
있다.

김용철   어머니.

유옥순   아니 훤한 대낮에 무신 일이고?

김용철   날씨가 꾸물거리니 몸이 안 좋아서 조퇴해수다.

유옥순   그렇게 자주 조퇴하면 회사에선 좋아해?

김용철   싫어해도 내 몸이 욱신거려 견디지 못하는 걸 어떵헙니까?
        그렇잖아도 나이도 어린놈이 상사랍시고 잔소리하기에 그냥
        사표내고 나와수다.

유옥순   그거 무슨 말이고? 느 고모부한테 사정사정 부탁허연 들어
        간 회사를 앞뒤 생각없이 그만 둬? 한 달 만에?

김용철   적성에도 안 맞고 봉급도 얼마 안돼요. 차라리 우리 밭에 축
        사나 지엉 돼지나 기르쿠다.

유옥순   그건 돈이 안 들어 가?

김용철   걱정 맙서. 융자 받앙 얼마든지 됩니다. (쇼핑백을 내밀며) 이
        거 받읍서. 선물이우다.

유옥순   봉급 족댄허멍 무신 쓰잘데 어신디 돈 썸시니?

김용철   그거 몇 푼 안 되는 거우다.

유옥순   (쇼핑백 속에서 붉은 내복을 꺼낸다) 하이고 이거 무신 거라?

김용철   남들이 첫 봉급 타서 어멍신디 내복 선물 했댄 소리 들을 때
        마다 막 부러워신디.

유옥순   나 내복 필요읏다.

김용철   나중에 돈 벌면 더 좋은 거 하영 사드리크메 나뒀당 저슬 들
        엉 찬바람 쌩쌩허걸랑 입읍서.

유옥순   고맙다. 밥은 먹어시냐?

김용철   (들어가며) 하근디가 쑤셔서 술이나 한잔 먹엉 누엉자야쿠다.

유옥순   약을 먹어야주. 대낮부터 무슨 놈의 술이고?

김용철   내 병은 내가 압니다.

유옥순   (하늘을 바라보며) 에고 회사 다니믄 좋은 색시 구허영 결혼
        시키젠 해신디. 그것도 다 틀렸구만. 하도 가물언 비는 내려
        사 할 거주만 용철이가 걱정이네.

        암전 후 밝아지면 며칠 후. 돼지소리 꿀꿀거리는데 장충삼 들어온다.

장충삼   (안을 향하여) 안에 있는가? (사이) 아주망?

유옥순   (창문을 열고) 누게꽈? (장충삼을 발견하고 머리 손질 하며 나
        오며) 아이고 여기까지 무신 일이우꽈?

장충삼   응, 부탁할 말이 있어서. (평상에 앉으며) 용철인 집에 이신가?

유옥순   (신발을 확인하고) 밤도깨비우다. 낮인 퍼질렁 자당 저녁 되
        믄 나강 무신거 햄신거 날이 밝아사 들어옵니다.

장충삼   그 녀석 삼청교육대 다녀온 후론 사람 좀 되어신가 했더니.

유옥순   골병들언 술로 살암수다. (안을 향하여) 용철아? 용철아? 재
        게 일어낭 나와보라. 고모부님 오셨져. (사이) 들엄샤?

김용철   (짜증 섞인 소리로) 예게.

유옥순   재게 나오라.

장충삼	(평상을 보며) 이거 예전부터 여기 이서나신가?
유옥순	병수 하르방 월남 가기 전 만들어 뒌 간 거우다.
장충삼	오래 됐구만. 거 굴무기 낭 같은데 값 좀 나가겠는디…
유옥순	(장충삼에게) 점심은 드십디가? 찬은 어수다만…
장충삼	먹어시난 거 시원한 물이나 한 잔 줘.
유옥순	예. 호꼬만 지둘립서. (부엌으로 들어간다)
김용철	(안에서 부스스한 모습으로 나오며) 오셨수과.
장충삼	그래. 이리 좀 앉아라. 경 매일 술로 젊은 인생 다 보냄시냐?
김용철	(머리를 긁으며) 아니우다. 어젠 일이 있어서.
장충삼	너 사표 냈다는 말 들었다. 요즘 취직하기가 얼마나 어려운데 주선해 준 사람한테 한 마디 상의도 없이.
김용철	죄송합니다. 저도 계획이 있어서요.
장충삼	계획?
김용철	나중에 확실하게 잡히게 되면 말씀 드리쿠다.
유옥순	(물잔을 쟁반에 바치고 가져오며) 아이고 도새기 키우켄 햄수다.
장충삼	(고개를 저으며) 그거 쉽지 않을 걸. 냄새 때문 마을 사람들이 동의 안 해 줄 거여. (물을 마신다)
김용철	친구 몇 명이서 중산간에다 땅을 마련허영 크게 해보기로 해수다.
장충삼	허가 날지도 의문이고 동업이라는 게 쉬운 게 아니다. 그렇다고 경험 있는 것도 아니고.
김용철	젊다는 게 자본 아니우과? 실패를 두려워 말아사주 마씀.
장충삼	나 퇴직한 건 알고 있지?
김용철	예. 어머니신디 소식 들어수다.
장충삼	너 사업하려면 나랑 같이 하자.

유옥순	아이고, 애가 아는 것도 어신디 어떵 사업을 합니까?
장충삼	내가 시내에 빌딩을 구입해 놓았는데 세입자 하나가 권리금 고집하며 버티는 바람에 말이야. 그래서 놀고 있는 네가 생각났지.
김용철	제가 무슨 일을 해요?
장충삼	그 세입자 잘 얼러서 나가게 해줘.
김용철	그냥 내쫓으라는 말씀이세요?
장충삼	아 아니지. 계약이 2년 남았는데 권리금은 무슨 권리금이야. 최소한의 보상금 주는 조건으로 앞장서 해결해 줘.
김용철	해결사 노릇하라구요?
장충삼	내가 일을 그냥 시키겠어? 자네한테 돈 벌 기회를 주려는 거지.
김용철	뭘 어떻게요?
장충삼	요즘 노래방이 유행이잖아? 그 식당 뜯어 고쳐서 최신식으로 노래방을 만들어 보려고 하는데 자본이 좀 달려서 말이야. 자본 좀 대.
유옥순	우리가 무슨 돈이 있다고?
장충삼	그걸 전부 부담하라는 게 아니고 있는 만큼만 지분을 가지고 들어오면 나머진 내가 다 알아서 할 게. 그 가게를 용철이 네가 운영하라는 거야.
김용철	그렇게 큰돈 없어요.
장충삼	노가다 뛰면서 장가 갈 밑천 만들어 놓았다면서. 네 고모한테 들었다. 그리고 왜 월남 돈으로 마련한 그 밭 있잖은가?
유옥순	아이고 택도 어신 소리 맙서. 그건 아방 목숨하고 바꾼 건데.
장충삼	그걸 팔라는 게 아니고 담보 잡히면 내가 돈을 끌어올 수 있어. 그거 시설만 해놓으면 돈 들어갈 게 없고 현금을 만질

수 있는 거야.

김용철   시골 밭 얼마 주지도 않을 텐데, 생각은 해볼 게요.

유옥순   용철아, 재산이라곤 이 집과 그게 전부다. 어차피 네 것이니
         까 잘 생각해서 해라.

장충삼   (일어서며) 시간 그리 많지 않다. 덤비는 사람 많지만 조카
         생각해서 제안하는 것이니까. 얼른 돈 벌어서 장가도 가야
         지. 마음 정하면 연락 줘. 가네. (나간다)

김용철   살피고 가세요.

유옥순   용철아, 심으로 사람 상대하려 말고 착하게 살아라. 돈에 눈
         이 어둑우면 안 된다. 정직하게 벌고, 있는 만큼만 쓰면 되
         는 거야. 네 튼튼한 육신이면 무슨 일을 하던 굶어 죽기야
         허크냐? 그리고 고모부 너무 믿지 마라. 아방이 무사 월남
         간 죽었는지 알암지?

김용철   알아요. 어머니. 잘 생각해서 할게요.

         암전.

제 5 장

신나는 음악소리와 함께 무대 밝아지면 한쪽에 노래방.

복녀, 혼자서 격렬하게 춤을 추며 노래를 부르다가 탈진한 듯 바닥에
쓰러진다.

암전되었다가 밝아지면 용철 음료수를 들고 들어와 쓰러진 복녀를
발견한다.

96

김용철	(흔들어 깨우며) 여보세요. 여보세요?
심복녀	(부시시 일어나 기지개를 켜며) 아. 잘 잤다. (용철을 발견하고 움츠리며) 어머, 누 누구세요?
김용철	깜짝 놀랐잖아요. 저 이 노래방 주인입니다.
심복녀	그러세요? (툭툭 털고 일어나며) 시간 다 되었죠?
김용철	시간 더 드렸어요. 근데 아무 소리 안 나서.
심복녀	지금 몇 시예요?
김용철	새벽 다섯 시요. (음료수를 내밀며) 이거 좀 드세요.
심복녀	(받으며) 고마워요. 문 닫을 시간이 훨씬 지났네요.
김용철	괜찮아요. 손님이 있으면 아침까지도 해요. 시간 더 넣을까요?
심복녀	아뇨. 머리가 아프고 가슴이 답답했는데 몸부림치고 나니 후련하네요.
김용철	노랠 좋아하시나 보다. 헌데 관광 오셨어요?
심복녀	예. (했다가) 아뇨 누굴 만나러 왔어요.
김용철	이 노래방에서요?
심복녀	아뇨. 한라산에서요.
김용철	(고개를 갸웃하며) 한라산에서 산신이라도 만나나요?
심복녀	어머. 어떻게 아셨어요?
김용철	난 농담으로 한 말인데 정말이세요?
심복녀	예. 전 산신님을 꼭 만나야 해요.
김용철	아이디가 한라산신님인 거죠?
심복녀	아뇨. 정확히는 제 어머니예요.
김용철	(무슨 말인지 몰라 갸우뚱)…
심복녀	제가 괜한 말을 했군요. 헌데 부탁이 있어요. 저 며칠 동안만 여기 있으면 안돼요? 대신 잔심부름은 할 게요.

김용철   그렇잖아도 알바를 구하려던 참인데 잘 되었네요. 헌데 많이
        드릴 수 없어서.

심복녀   괜찮아요. 먹고 잘 돈만 있으면.

김용철   좋습니다. 우리 가겐 아침 열한 시에 문을 열어 새벽 두 시
        까지 영업해요. 저녁에 손이 딸리는데 7시부터 끝날 때까지
        괜찮겠어요? 대신 저녁은 드릴 게요.

심복녀   다 좋은데요. 잘 곳이 없는데 여기서 자면 안 될까요?

김용철   여긴 불편해요. 괜찮으시다면 여기서 멀지 않은 시골에 제
        집이 있는데.

심복녀   (생각을 하며) 싱글이세요?

김용철   아 어머니랑 함께 살아요. 작지만 여분의 방도 있고요.

심복녀   그럼 당분간만 신세 질게요. 그분 만나면 난 떠나야 해요.

김용철   (실망하며) 오래 있을 분이 필요한데.

심복녀   아직 결정된 건 아무것도 없어요. 그 분의 명령에 따라야 해
        요. 곁에 있으라 하면 여기서 평생을 살아야 할지도 몰라요.

김용철   그랬으면 좋겠어요. (정리를 하며) 자 문 닫고 집에 가서 눈
        좀 붙여요. 조금 있으면 해가 뜰 거예요.

심복녀   (갑자기 생기를 띠며) 해가 뜬다고요? 아 멋있겠다. 바다에서
        떠오르는 해를 보고 싶어요. 함께 가요. 높은 산 위에 올라
        태양의 기운을 마셔요. 몸에 천상의 활력이 담길 거예요. 우
        린 감사의 뜻으로 하늘에 재를 지내요. 오빠가 노랠 불러 주
        신다면 난 춤을 추겠어요.

김용철   재미있겠네. 갑시다.

        암전.

제 6 장

어린 아이의 울음소리 자지러진다.

복녀는 외출 복장을 하고 평상에 멍하니 앉아 있다.

유옥순 들어오다 애기 울음소리 듣고 복녀를 나무란다.

유옥순　아니 아기 우는데 어멍은 뭐 햄시?

심복녀　(고개를 흔들며) 내 애기 아니에요.

유옥순　(들어가며) 미친년.

심복녀　(혼자소리로) 나 그냥 보내줘요. 난 여기선 못 살아요.

유옥순　(포대기에 아기를 안고 나온다. 애기는 계속 운다) 어여 그래그래. 병수야. 배고픈가 보다. 우유 먹여시냐? 어멍이 족발 고은 물이라도 좀 먹어야 젖이 나오주. 경 통 안 먹으니 몸이 말이 아니여.

심복녀　나 애기 못 키워요.

유옥순　이런 복둥이 나 놓고 무사? 용철이와 씨워샤?

심복녀　아뇨, 어머니.

유옥순　아이고 순둥이. 졸려서 그랬구나. (포대기를 도닥이며) 그래. 그래. 병수야 코 자블라. 아이고 착한 거. 자장. 자장.

심복녀　용철 씨가 날 속였어요.

유옥순　우리 용철이가 어때서. 틀 좋겠다, 무사 남자 구실 못 햄시냐?

심복녀　난 시집가면 안 되는데 오빠가 꼬시는 바람에.

유옥순　완전한 사람 어디 이시니. 사람 사는 게 그런 거지. 속는 거 알면서 눈감아주고, 배설창지 끈차지게 억울해도 속으로 삭이며 살아야 하는 게 세상살이다. 복녀야 난 네가 너무 고맙다. 없는 집안에 시집와 이렇게 두꺼비 같은 아들 낳아주고 하늘이 내린 복이라 생각하고 있다.

심복녀   아니에요. 어머니, 난 가야해요. 그 분이 떠나라고 야단치고
         계세요.

유옥순   애기 어멍이 애길 두고 어디 간다는 말이고? 다른 남자 생겨
         시냐?

심복녀   그런 게 아니에요.

유옥순   게민 그 분이 누구고?

심복녀   제 어머니에요. 내 몸의 주인인 신어머니 말이예요.

유옥순   헛소릴 하는 걸 보니 제 정신이 아닌 모양이로구나.

심복녀   어머니 미안해요. 제 몸속엔 다른 사람이 있어요.

유옥순   무신 거? 복녀야, 어디 불편한데라도 이시냐? 아니면 간밤
         에 악몽을 꾸었던지. 몸이 허해서 그런 모양이로구나. 그래
         애를 낳고 몸조리도 제대로 못했으니. 내가 미안하다.

심복녀   아니에요. 어머니. (핸드백을 들고 밖으로 나가며) 미안해요.
         정말 미안해요.

유옥순   야, 복녀야.

애기가 다시 자지러지게 운다.
유옥순 애기를 달래면서 따라가는데, 장충삼이 들어온다.

장충삼   무슨 일 생긴 거여? 사람보고 인사도 없이.

유옥순   (둘러대듯) 예. 친정에 급한 일이 생겨서.

장충삼   아침에 뭐 잘 못 먹었는지. 차 타고 오는 내내… 나 급해. 변
         소 어디야?

유옥순   (가리키며) 저기요. 그래 그래. 가서 자자. 우리 아기 착한
         아기.

장충삼 어그적거리며 변소로 들어가고 유옥순은 손주를 어르며 방안
으로 들어간다.

잠시 어두워졌다가 밝아지면 장충삼. 옷을 추스르며 나와 수돗가로
가서 손을 씻는데 할머니 쟁반에 참외를 들고 나온다.

유옥순   아침 일찍 어쩐 일이세요?

장충삼   응. 용철이 하고 의논할 일이 있어서. (평상에 앉는다)

유옥순   올 시간이 지났는데 아직 안 들어왔는데요?

장충삼   가게는 일찍 문닫아 놓고 또 어디 가서 밤새 처먹었구만.

유옥순   (과일을 깎으며) 이것 좀 드시구 이십서. 연락 취해 보쿠다.

장충삼   그거 깎지 마. 속이 안 좋아서 먹지 못해.

유옥순   요즘 장사 안돼서 속상한지 맨날 술타령이우다.

장충삼   장사가 안 되면 대책을 세워야지. 난 더 손해막심이라 속상
         해 죽을 판인데.

애기가 운다. 그러는 사이 용철 등장한다. 용철은 술이 아직 덜 깬 상
태다.

유옥순   저기 오람수다. (방으로 들어가며) 잘 놀던 녀석이 오늘은 왜
         저럴까?

김용철   (장충삼을 발견하고 인사한다) 오셨어요?

장충삼   그래. 요즘은 몇 시까지 영업하는 거냐? 어제도 열 시 쯤 가
         게에 들렀더니 불이 꺼져 있던데.

김용철   친구 생일이어서 일찍 문 닫았어요. 요즘 손님 없어요.

장충삼   그렇게 많던 손님이 뚝 끊어진 이유가 뭐야?

김용철	기계를 잘 못 들였어요. 매번 손님이 노래를 하는데 고장도 잦고, 주변에 최신식 시설 갖춘 노래방이 많이 생겼잖아요.
장충삼	요즘 몇 달 영업실적도 그렇고 해서. 그 비싼 시설해 놓고 이자도 안 나온다면 대책을 세워야 할 것 아니냐?
김용철	몇 개 방의 기계를 갈면 되긴 합니다.
장충삼	들어간 돈이 얼만데 거기다 또 투자하라고? 밑 빠진 독에 물 붓기지. 그래서 말인데 내 결심했어.
김용철	무슨 말씀이신지.
장충삼	노래방 처분 하려고 한다.
김용철	(놀라며) 처분이라니요?
장충삼	아니면 네가 전부 맡아던지.
김용철	그게 무슨 말씀이세요? 제가 돈이 어딨다고?
장충삼	투자한 것에 비하면 택도 없지만 담보로 맡긴 밭 내가 인수하마.
김용철	말도 안 됩니다. 그게 어떤 밭인데.
장충삼	그럼 팔자. 서로 손해 보는 거지. 팔아도 네가 빌린 돈 반도 못 갚을 거야.
김용철	어린아이 궁둥이에 붙은 밥풀 떼어먹는 거지. 여유 있는 고모부님이 이럴 수 있는 겁니까? 가만히 있는 조카 꼬득여 놓고.
장충삼	난 사업가야. 공과 사는 구분해야지. 자네는 손해 난 거 없어. 거기서 각시 만나고 한동안 그 수입으로 먹고 살았잖아?
김용철	기계 몇 개만 바꿔주세요. 그 다음은 내가 알아서 할 게요.
장충삼	난 한번 결심한 건 안 바꿔. 자네 밭 넘긴다면 기계 몇 개 살 돈은 주지. 난 그 밭에다 팬션을 지을 생각이야.
김용철	(버럭) 뭐라고? 이 개새끼가. 너 우리 집 아주 말아먹으려고 작정했구나.

장충삼   (급변한 태도에 놀라며) 용철이 자네 술이 안 깨었는가? 왜 이
         러는가?

김용철   네가 한 행실을 몰라서 물어? (주변을 둘러 몽둥이를 집어들
         고) 야 이 개백정같은 새끼야. 너 우리 외할아버지 죽이고,
         우리 아방 전쟁터에서 죽게 하고, 날 삼청교육대 보낸 거 다
         네놈 짓이잖아?

장충삼   그거 다 오해야. 난 잘못한 것 없어. 다 도와주려고 그런 거야.

김용철   흥. 뭘 도와? 우리 집 망하는 걸 도왔냐? 이 개만도 못한 놈.
         그러고서 이젠 우리 재산까지 들어먹으려 해. 이리와 널 내
         손으로 죽여버리고 말 거야. (다가선다)

유옥순   (나오며) 용철아 이게 무슨 짓이고?

장충삼   (피하며) 용철이 나 고모부야. 정신 차려.

김용철   고모부 좋아하네. 넌 대대로 우리 집안 웬수야. 개새끼야.
         (몽둥이 후려친다)

장충삼   (피하면서 유옥순 뒤에 숨는다) 아이고 날 살려줘.

유옥순   (막으며) 용철아, 술 취해시믄 곱게 들어강 자라. 이 무슨 행
         패고?

김용철   어머닌 상관 마시고 비킵서.

장충삼   술이 덜 깬 모양이군. 나중에 연락 줘.

김용철   야 이놈아. 어디 가. 나 정신 멀쩡해 이 새끼야. (어머니를 제
         치고 몽둥이로 후려치려 한다)

장충삼   (도망치며) 나 가네.

유옥순   무슨 일 이시냐? 고모부한데 무신 와달씀이고?

김용철   고모부가 아니라 저놈 순 날강도 웬수우다. 한두 번 당해시
         믄 됐주. 친족이라고 만만하게 봐서 이젠 아버지 남긴 밭 들
         어먹젠 허는 걸 눈 뜨고 보란 말이우꽈?

유옥순 처음부터 난 믿지 못했다. 동업하겠다고 했을 때 극구 말렸
어야 했는데.

김용철 절대 난 안 당할 거우다. 내가 다 알아서 할 테니 어머닌 신
경 끕서.

애기 우는 소리.

김용철 복녀 어디 가수과?

유옥순 무사 느하고 의논 안해샤? 친정 갔다 온다고.

김용철 (절하며) 끝내 그 쌍년이.

유옥순 무슨 일 이시냐?

김용철 그년하고는 못살아요. 그년은 도망 간 거라구요.

유옥순 거 무슨 소리고? 멀리 못 가실 거여. 강 심엉오라게.

김용철 소용없어요. 그 여잔 신이 내려서 무당질 해야 할 사람이라
구요.

유옥순 하이구야. 세상에 이런 일도 이시카.

김용철 밤중에 웅크리고 앉아 두려움에 떨며 잠을 못잔지 오래 되었
어요.

유옥순 먹지도 않고 자지도 못하면서 몸은 가베왕 팔팔 날라다니니
그거 참 신기하다 생각했주기.

김용철 애초에 그런 여잔 줄 알면서 결혼 한 내가 잘못이에요.

유옥순 (자책하며) 지지리도 못난 년. 서방 복 없는 년이 며느리 복
은 이실라구. 게민 물애긴 어떵 헐 거라게. (들어간다)

배나무에 뱀이 감긴 것을 발견한다.

김용철	아니 저놈이. (막대기로 뱀을 후려친다.)
유옥순	(애기를 안고 나와서 보다가 놀라며) 용철아 뭐 하는 것고?
김용철	구렁이에요. 이거 잡아서 술 담아야겠어요.
유옥순	(놀라며) 아이고 큰일 난다. 건드리지 말아.
김용철	가만 이십서. (다시 몽둥이질을 한다). 요놈아 어딜 도망가?
유옥순	그만 둬. 거 우리 집 지켜주는 영물이다. 건드리면 액을 당한다. (애기를 평상에 눕히고 사라지는 뱀을 보고 합장하고 절을 한다) 아이고 칠성님. 죄송합니다. 잘못했습니다. 제발 노여움 푸시고 모르고 한 짓이니 한 번만 용서해 줍서. 이놈아. 너도 어서 빌어.
김용철	에이, 그런 미신 난 안 믿어요.
유옥순	에고.

아기가 자지러지게 운다.

김용철	(평상으로 가며) 어머니, 병수가 무사 마씸?
유옥순	게매. 어멍 가분 거 알암신가?
김용철	(아기를 안으며 이마를 짚어본다)
유옥순	어디 아픈가 보다. 잠도 깊이 들지 못하고 자꾸 깨어 남저.
김용철	하이고 몸이 불같은데 왜 이리 동여매수과? (평상에 누이고 포대기를 헤쳐낸다)
유옥순	(수돗가에 가서 수건에 물을 적셔 가져온다) 마 이걸로 닦아보라.
김용철	안 되쿠다. 보건소 댕겨 와야쿠다 (아기를 안고 나가려다 휘청거리며 아기와 함께 엎어진다. 아기는 심하게 운다.)
유옥순	(다가가서) 게난 술을 작작 마시주. 이리 도라.

김용철   (일어서며) 아니우다. 나가 가쿠다. 병수야. 미안하다. (휘청
        거리면서도 애를 안고 달려 나간다)
유옥순   아이구 내 새끼. 할망이 잘못했구나. (대문 앞에 서서 두손을
        모아 빌며) 아이고 산심할마님. 심어가킬랑 날 심어가곡 제
        발 우리 병수 아무 탈어시 살려줍서. 제발 영 빌엄수다. 제
        발 살려줍서.

        암전.

제 7 장

        어둠 속에서 영혼의 구음 같은 소리 들리다가 희미한 조명을 받고 용
        철 등장한다.
        장충삼, 병원 병상에 누워있다.

김용철   (몽둥이를 들고) 장충삼. 어서 일어나.
장충삼   (놀라 벌떡 상체를 일으키며) 누…구요?
김용철   널 잡으러 온 저승사자다.
장충삼   (피하며) 난 죽기 싫어. 지금은 준비가 안 됐어.
김용철   그만큼 누렸으면 됐지. 왜 아직도 더 죽여야 할 사람이 남았
        는가? 당신은 벌써 죽어야할 사람이야. 도대체 몇 사람을 더
        죽여야 만족할 텐가? 당신은 인간 세상에 도움이 안 돼.
장충삼   당신 누구야?
김용철   똑똑히 봐. 내가 누군지?
장충삼   (잘못 알아보고) 사 상옥이?

김용철	흐흐흐 우리 부친도 다녀가셨는가? 하긴 내 외증조부 유갑
	식, 외조부 유창수 님도 자주 왕림하시겠지.
장충삼	(그제야 알아보고) 너 용철이구나. 김용철.
김용철	그래. 당신 때문 죽은 김용철이다.
장충삼	난 잘못한 게 없다. 난 직무를 충실히 이행한 것뿐이야.
김용철	장충삼이란 인간은 도대체 정체가 뭐야? 전생에 우리 집안
	과 무슨 원한이라도 맺은 건가?
장충삼	내가 뭘 잘못했기에?
김용철	당신 저능아야? 아니면 벌거벗은 임금님 행세 하는 거야.
	하늘이 알고 땅이 아는데 아직도 자신이 뭘 잘못했는지 모
	른다구?
장충삼	나도 피해자야. 빨갱이는 내 원수야. 재산 다 빼앗고 부모를
	죽이고 나를 적수공권으로 이곳까지 내 몬 원수들이라고.
김용철	촌무지렁이 돌챙이 할으방과 뱃사람이 무슨 이념을 안다고
	빨갱이라 내몰았는가?
장충삼	난 공직자였어. 상부에서 시키는 대로 한 것뿐이야. 그때 이
	곳은 빨갱이 천지였어. 그래서 섬 전체에 불을 놓아 죽여 없
	애야 한다고도 했어.
김용철	그렇게 빨갱이로 모니까 살기 위해 어쩔 수 없이 산으로 올
	랐는데, 무슨 전염병에 감염된 가축처럼 가족들까지 전부 잡
	아다 죽였지.
장충삼	폭도들은 안 그랬는 줄 알아? 군인 경찰 가족 집에 불 지르
	고, 우리한테 동조했다고 죄 없는 마을 사람들 죽창으로 찔
	러 죽였어.
김용철	원한은 복수를 낳고, 복수는 다시 원한을 낳았어. 풀릴 수
	없는 이야긴 그만 두고 한 가지 물어봅시다. 정말로 우리 집

과 무슨 원한이 있는 건가? 아니면 우리 집안이 그리 만만하게 보여서 아버질 사지로 내몬 건가?

장충삼 난 김상옥이가 하도 사정하기에 살릴 방법을 알려준 것뿐이야. 너희 부친이 아니었으면 지금 너희들이 이만큼이라도 살았을 줄 아니?

김용철 그래. 친족이라고 찾아갔더니 당신은 돈을 요구했다더군. 그것도 공직자의 직무인가?

장충삼 그건 내가 먹은 게 아니고 상급자에 기름칠 할 자금이었어.

김용철 나를 삼청교육대에서 빼내려면 돈이 필요하다고 했어. 당신이 잡아넣었으니 빼 줄 수도 있었는데 그때부터 당신은 우리 집 알량한 돈을 노린 거야. 결국은 당신은 목적을 달성했고 난 분통이 터져 죽음을 선택할 수밖에 없었지.

장충삼 난 너 때문에 이렇게 일찍 병환이 도진 거야. 네게 맞은 후유증 때문에. 그렇다구 그게 죽을 일이었냐구, 자네 성질 값 하느라 그리 된 거지.

김용철 이제 당신도 얼마 안 남았어. 이러고도 우릴 볼 낯이 있어? 당신 때문에 얼마나 많은 사람들이 원통하게 죽었는지 생각해 보라구. 저승 오기 전에 진실을 털어놓고 용서를 구해. 회개해야 살아있는 사람들도 오해를 풀고 마음의 상처를 씻을 거 아냐.

장충삼 죄라면 나라에 충성한 죄인데 무엇을 회개하라는 거야?

김용철 도저히 용서할 수 없는 놈이군. 에라이 나쁜 놈. 너 같은 놈에겐 몽둥이가 약이다. (몽둥이를 내리친다) 이놈아, 죽어라. 저승에 오면 넌 더 이상 도망 갈 곳도 없으니 각오해, 이놈아.

장충삼 (피해 도망 다니며) 아이고, 사람 살려.

암전. 밝아지면 병실의 독방.

장충삼   (병상에서 허우적 댄다) 아이고, 사람 살려. 나 죽네.

유옥순   (문을 열고 들어와서 이 광경을 본다) 정신 차립서. 아주버님.

장충삼   (정신이 드는 듯) 누구야?

유옥순   나우다. 용철이 어멍마씸. 꿈 꾸십디가?

장충삼   (일어나 앉으며) 응. 잘 왔져.

유옥순   언니는?

장충삼   잠시 집에 다니러 갔어. 곧 올 거야.

유옥순   그간 찾아오지 못해서 미안허우다.

장충삼   아니야. 내가 많이 밉겠지. 그리 앉아.

유옥순   (비닐 백을 탁자 위에 놓으며) 뭐 가져 올 것도 없고. 어제 전
         복 몇 개 건졌는데 죽이라도 쒀 드십서.

장충삼   나 그런 거 못 먹어. 이렇게 멀쩡해 보여도 살 날 얼마 안남
         은 사람이야.

유옥순   (앉는다) 경해도 오래 사서얍주.

장충삼   나신디 서운한 게 아주망이 더 많겠주만. 갈 때가 다 되어가
         난 꿈자리가 하도 어지러워 잠을 이룰 수가 없네. 자네 부친
         을 비롯해서 상옥이, 용철이 까지 나타나네.

유옥순   다 잊기로 해수다.

장충삼   아니야. 내가 편치 못해서 그래. 저승에 가서 볼 면목도 없
         고. 그래서 아주망을 오라고 한 거네.

유옥순   다 지난 일이난 그냥 잊어붑서.

장충삼   (갑자기 무릎을 꿇으며) 아주망. 날 용서해 주게. 내가 잘못했
         네. 처음엔 정말 빨갱이가 미워서 닥치는 대로 잡아들이고
         실적 올리는데 혈안이 되어 과잉 충성했던 게 사실이야. 그

때문 아주망 조부와 부친이 죽었지만 개인적 원한은 없었어. 그리고 상옥을 월남에 보낸 것이나 용철이 죽게 한 것도 모두 내 사심 때문이었어. 용서해 주게. (눈물 흘리며) 정말 참회하네. 내가 진즉 죽었어야 할 놈이야.

유옥순   (눈가를 훔치며) 아주버님, 경 말씀해 주시니 이제야 몇 십 년 가슴에 맺힌 체증이 확 내려가는 것 담수다. 원망도 하여영했고 눈물도 하영 흘려수다만 가버린 사람은 가버린 사람이고 산 사람은 악착같이 살아얍주. 그만 일어나십서. 이젠 되어수다. 다 용서하쿠다. 영 회개허면 다 풀어질 일을. 가심 속에 담아두난 여러 사람 간장이 녹아부러수게. 진심을 애기허믄 다 풀릴 일을. 고맙수다.

장충삼   그렇게 말해주니, 이젠 편안히 눈감을 수 있을 거 같네. (눈물을 흘리며 절을 한다) 고맙네. 고맙네.

암전.

제 8 장

유옥순, 물질 갔다가 돌아와 물바구니와 체취한 해산물들을 정리하는데
병수와 후안, 들어온다.

김병수   하 할머니! ㅎㅎㅎ.
유옥순   무슨 좋은 일이라도 있는 모양이로구나.
김병수   우 우리 애 애기 생겼어.

유옥순	(놀라서 후안에게) 그게 참말이여?
후안	예, 3개월째라고.
유옥순	(돌아서서 손을 합장하고 허공을 향해 허리 숙여 절하며) 하이고 고맙습니다. 요왕님, 삼승할마님 고맙습니다. 칠성님, 산신님도 정말 고맙습니다.
김병수	후안. 피 피곤하지? 드 들어가서 쉬어.
후안	아냐, 적당한 운동은 태아한테도 좋다고 했어. 물질도 열심히 해서 오빠처럼 튼튼한 아기 나아야지.
김병수	흐흐흐 나처럼?
유옥순	당분간 물질은 안 된다. 물질이 얼마나 힘든 일인데. 애기가 온전히 자리 잡을 때까진 몸을 함부로 놀리지 말아라.
후안	할머닌 해산하는 날에도 물에 들었다면서요?
유옥순	그게 옛날에 먹고살기 위해 그런 거다. 그렇게 몸을 함부로 했으니 성격 나쁜 애기를 낳은 거지. 뱅수도 이제 애기 아방 되니까 좀더 의젓해져야 하고.
김병수	애 애기 아방, 흐흐흐. 애기 나면 기 기저기 빠는 거 목욕시키는 거 나가 다 할 거야.
후안	오빠부터 깨끗해야지. 그렇게 씻는 걸 싫어해요. 옷도 아무렇게나 벗어놓고.
김병수	어 후 후안 너. 그런 거 다 꼬질러 바치고 너.
유옥순	내가 다 안다. 세 살 버릇 여든까지 간다고. 밖에서 놀다 들어오면 그냥 이불 속으로 들어갔으니까?
후안	그렇게 더러우면 아기 병 나는 거 알지?
김병수	아 알아. 씻을게. 청소도 깨끗이 하고. (수돗가로 가서 손을 씻으려 한다)
후안	밥 차릴 테니 들어가서 샤워해요.

김병수   (전복을 보고) 와 이 이거 대따 크다. 후안 이거 봐.

유옥순   그래. 오늘은 좋은 소식 들으려고 그랬는지 운수대통했다. 손바닥보다 큰 게 여럿 눈에 보이더라만 숨이 차서 다 건질 수 있어야 말이지.

후안   (다가가 망사리를 헤쳐 꺼내보며) 할머니 정말 대단하세요. 난 언제 이런 거 잡아보나?

유옥순   초짜 똥군에게 잡힐 얼빠진 전복이 어디 있나? 세상 이치가 다 그렇지. 차근차근 하다보면 기량이 늘게 돼 있어. 후안은 아직 젊으니까 할망보다 더 많은 것을 잡을 거야. 옛날엔 나도 상군소리 들어싶디 나이가 들수록…

김병수   이거 꽤 가 값이 나가겠는 걸? 할머니 이거 나 줘요?

유옥순   뭐하게?

김병수   이 이거 팔아서 애기 오 옷 사야죠.

유옥순   망할 녀석. 아직 나지도 않은 애 걱정은? 할망 재산 다 너 꺼니까 걱정마라. 닭 한 마리 사다 그거 넣고 고아 먹자.

후안   이 아까운 것을?

유옥순   영양 보충하는 것이 돈 버는 거다. 오늘같이 기쁜 날 우리끼리 잔치해야지.

김병수   그 그거 잔치 아니라 파 파티에요.

후안   명석이 덕석이죠. 그 말이 그 말이에요.

유옥순   아이고, 후안. 한국말이 나날이 발전하는구나. 그래, 파티 하자.

김병수   나 나가 닭 사올게. 애 애기 아방이 한턱 쏘아야지. 흐흐흐.

후안   돈 있어요?

김병수   요 용돈 안 쓰고 남은 거 있어. (주머니에서 꺼내며) 이거 봐.

후안	어쩐지 요즘 지갑이 빈다했더니 그거 훔쳐 간 거죠? 게임방 드나들려고.
김병수	흐흐흐 미안. 나 게임방 안 가고 이렇게 모았어.
유옥순	게임방이 무엇고? 애기 키우려면 헛된데 똔 쓰지 말고 부지런히 모아야 한다.
김병수	가 각시야. 나 앞으론 절대 게임방 아 안 갈 거야. 정말이야.
후안	알았어요. 가서 큰 놈으로 사와요.
김병수	그래, 크 큰 놈으로.

복녀 들어오다 병수와 마주친다. 병색이 완연하다.
복녀, 병수를 물끄러미 쳐다본다.

김병수	(한 번 쓱 쳐다보고는 헤헤 웃으며) 하 할머니. 소 소 손님 왔어. (나간다)
후안	어떻게 오셨어요?
심복녀	여기가 병수네 집 맞죠?
후안	아까 나간 사람이 병수 오빤데. 누구셔요?
심복녀	그랬구나.
유옥순	(멀뚱하게 쳐다보며) 우리 병수를 어떵 알암신고?
심복녀	(유옥순을 보고) 아 어머님.
유옥순	어머님?
심복녀	저에요. 병수 에미. 복녀예요.
후안	병수 씨 어머니요?
유옥순	(외면하며) 난 그런 사람 모른다. 벵수 어멍은 나여. 나가 키워신디 어멍이 또 어디 있단 말고.
심복녀	면목 없습니다. 무슨 말을 하여도 전 할 말 없습니다.

유옥순	지 자식 내팽개쳐 두고 몇 십 년 살아시면 되었주. 무신 것 허래 지금 나타나 어멍이랜 허는 것고?
심복녀	(몸을 가누지 못하고 기침을 하며 휘청인다)
후안	(부축하며) 우선 여기 좀 앉으셔요.
심복녀	아닙니다. 병수 얼굴 보았으니 됐습니다. 잘 키우셨군요. 고맙습니다. 미안합니다. 전 그럼. (돌아서 나가려고 한다)
후안	(안타까워) 어머님.
심복녀	(돌아서 후안을 본다)
유옥순	후안아. 그 사람 어멍 아니다. 퍼질러 쌌다고 다 어멍이더냐?
후안	먼 길 오신 것 같은데 병수 오빠랑 얘기도 나누시고 가셔요. 병수 오빠 지금도 남들이 엄마, 아빠 얘기만 하면 주눅이 들어요. 엄마, 아빠 소릴 못하고 자랐잖아요?
유순옥	경해도 잘 컸다. 이제 와서 괜히 마음만 상하게 만들지 말고 벵수 오기 전에 썩 가버려.
후안	할머니. 몸도 성치 못한 사람한테 왜 그리 박정하게 대하세요? 그래도 우리 집 찾아온 손님인데. 그리 좀 앉으세요.
심복녀	(마지못한 척 앉는다) 고마워요.
유순옥	(외면한 채) 그냥 가래도.
후안	할머니 오빠가 얼마나 보고 싶어 했던 엄만데요. 보낼 때 보내더라도 이건 경우가 아니죠?
유순옥	느도 나 말을 안 듣는 구나. 그려 할망은 날구쟁기 똥이지. 그간 고생은 아무 것도 아니지. 아이고 서러워라. 아이고 억울해라. (눈물을 훔친다)
후안	할머니. 그런 말이 아니잖아요. 병수 씨나 제가 할머닐 얼마나 사랑한다고요.
심복녀	어머님. 마음은 있어도 올 수가 없었어요. 그간 제 몸은 제

몸이 아니었으니까요. 그렇게 애를 써 몸속의 신을 떼어내니 몸속엔 병마가 들어앉더라고요. 해준 것도 없으니 에미라고 하기도 민망하지만 죽기 전에 내 피를 받은 자식 얼굴은 꼭 한 번 보고 싶었어요. (일어서며) 고생 많으셨어요.(땅에 무릎을 꿇고 절을 하며) 부디 만수무강하세요.

유순옥 (당황하며) 이거 무슨 짓이고.

심복녀 (일어서며) 자식 버린 죄인이 무슨 말을 하겠습니까? 죄송합니다. 안녕히 계십시오. (돌아서 나가려 한다)

후안 그렇게 가시면 어떻게 해요. 병수 오빠한테도 용서를 구해야잖아요?

심복녀 네가 병수 각시인 모양이구나. 면목 없다. 대신 전해 다오. 병수 잘 부탁한다. 고맙다.

후안 할머니 어머님 보내놓고 후회하지 마시고 뭐라 한 말씀 하세요. 이대로 보내면 병수 씨가 할머닐 원망할 거예요. (사이) 정말 그냥 보내실 거예요?

유옥순 날도 다 저물었는데 가긴 어딜 가? 웃어른 허락도 어시 함부로 왔다갔다 하는 버릇 아직도 못 고쳤구나? 지금꺼정 고생시켜시믄 말주. 늙어죽도록 이 할망신디 뒤치다꺼리 허랜 말가? 난 말다. 아맹 경해도 와시믄 남편은 만낭 가살 거 아니?

후안 그래요. 이왕 오셨으니 낼 아침 아버님 무덤에 술이라도 한 잔 올리세요?

유옥순 벵수도 만나고 가.

심복녀 고맙습니다.

후안 거기 앉으셔요. 오빠 금방 올 거예요. 잠깐만 기다리셔요. (안으로 들어간다)

심복녀 (앉으며) 어머니, 밉고 보기도 싫겠지만 여기 와 좀 앉으세요.

유옥순   (닫혔던 마음이 무너지는 듯 달려와 복녀의 어깨를 때리며) 이년아, 왜 이제야 왔어? 응? 얼마나 기다렸는데. 왜 이제야 나타나 이년아.

심복녀   (유옥순을 안으며) 어머님.

유옥순   잘 왔다. 이제라도 오니 되었다. (복녀의 얼굴을 어루만지며) 에고 너도 고생 많이 했구나. 추운 날에 똥 기저귀 빨 때면 널 얼마나 원망했는지 알어?

심복녀   (눈물이 흐른다) 죄송해요. 어머니.

유옥순   아방어시 자란 박복한 년이라 서방복도 엇곡 자식도 일찍 가버리고 저 말도 졸바로 못하는 손자를 키우면서 쏟은 눈물만 열 허벅은 될 거여. 그 서러운 사정을 얘기허젠 허믄 달포를 지새우멍 고라도 못 끝낼 거여.

심복녀   그 심정 다 이해해요. 어머님.

유옥순   이젠 내 눈에 흙이 들어가기 전까진 나 벗하며 살 거지?

심복녀   예. 어머님. 제가 잘 모실 게요. (콜록콜록)

유옥순   (얼굴을 보며) 언젠가는 한 번 쯤 얼굴 내밀 줄 알았다. 그땐 몽둥이로 실컷 패주고 내쫓으려 했는데. 사람이 딱 마주치니 모심대로 안 되는 구나. 얼굴 꼴이 말이 아니여. 여기 살면 공기도 좋고 물도 맑고 싱싱한 해물 먹으면 병도 나을 게다.

심복녀   고맙습니다. 어머님.

유옥순   (한숨을 내쉬며) 이젠 당장 죽어도 여한이 없다.

후안, 과일을 가져와 깎는다.

심복녀   오래 사셔야죠. 헌데 병수는 어쩌다 그렇게 되었어요?

유옥순   칠성님을 괜히 건드려 액을 당한 거야.

후안	칠성님이 누구에요?
유옥순	집을 지키는 뱀을 칠성이라고 하지. 느 떠나버린 날 용철이가 칠성을 건드린 벌이 병수한테 내린 거야. 그날 이후로 먹이면 토해내고 울지도 않고 눈을 감은 채 산송장이 되어버렸지. 그걸 보고 용철인 절망을 했어. 암 누구라도 그런 상황에서 제정신일 수가 없지. 그렇게 술로 날을 보내던 어느날.(다시 소매로 콧물을 닦고) 돈벌어먹던 가게가 처분됐다는 소문을 듣자 고모 하르방을 찾아간 난리를 피웠지. 그리고선 농약을 먹고서는 그만… (다시 눈물을 닦는다)
심복녀	(눈물을 흘리며) 다 제 잘못이에요. 제 탓이에요.
유옥순	지 아방이 죽은 걸 알았는지 그제야 병수가 눈을 뜨더라만 정상이 아니더라.
후안	살아난 것만도 축복이죠. 저를 여기까지 오게 했으니까요.
유옥순	그래. 대가 끊길 뻔 했는데 그래도 내가 이 세상에 태어난 의무를 다하게 됐으니 다행스럽고 복 받은 일이지. 병수가 아니었으면 내가 무얼 믿고 어찌 살았을까? 거기다 예쁘고 똑똑한 손자며느리까지 주셨으니 그게 내 고생의 댓가인가보다.
심복녀	후안이라고 했나?
후안	네. 어머님. 베트남에서 왔어요.
심복녀	어머니 여생 편안히 지내라고 하늘이 내리신 거 같아요.

병수, 생닭이 담긴 검은 비닐봉지를 들고 들어온다.

김병수	(봉지를 내밀며) 새 색시야 이 이거 받어.
후안	사 왔어? (봉지를 받아 열어보며) 와 크다.

김병수	(손을 벌리며) 이 이따만 한 놈으로 사 사 왔어.
후안	(병수의 엉덩이를 툭툭 두드리며) 잘했어, 오빠.
김병수	(복녀를 보고 고개를 갸웃거리며) 어어? 아 아직도 있네?
후안	오빠, 인사드려. 어머님이셔.
김병수	(멀뚱이 쳐다보며) 어어? 베 베트남 어머니? 아 아닌데?
유옥순	너 낳아준 어멍이란다.
심복녀	(와락 껴안으며) 병수야, 미안하다. 병수야. (오열한다)
김병수	(감정이 없다) 어머니? (사이. 떨어지며) 이러지 말아요. 난 고 고아야. 나 난 어머니가 없어요.
심복녀	미안하다. 그려, 내가 무슨 염치로. 날 많이 원망했겠지.
김병수	그 그런 거 몰라요. 하 하지만 다 닭죽 먹고 가세요.
후안	전복 넣고 닭을 삶을 거예요.
김병수	우 우리 각시 다 닭죽 최고로 잘 끓여.
심복녀	그러니?
김병수	우 우리 각시, 이 임신했어. 사 삼 개월이야. 그래서 닭 사 왔어.
심복녀	덕분에 보신하게 생겼구나. 고맙다.
김병수	(후안에게) 후 후안 어서 들어가자.
후안	그래. 오빤 마늘 좀 까줘.
김병수	알았어.

후안과 병수 방안으로 들어가는데, 수호가 들어온다.

심복녀	(흐뭇하게 바라보며) 꼭 오누이 같아요. (기침을 한다) 콜록 콜록.
박수호	삼촌. (심복녀를 보고) 어? 누게꽈?

유옥순	용철이 각시여?
김수호	와우 살아 이섰구나 양. 반갑수다. 나 알아지쿠가? 용철이 친구 수호마씸.
심복녀	기억이 나요. 살아있으니 이렇게 보는 군요. 면목 없습니다.
유옥순	늘랑 안트레 들어강 좀 쉬엄시라.
심복녀	괜찮아요. (다시 기침) 콜록콜록.
유옥순	거 눈치도 어시. 제게 들어가랜 해도. 몸도 시원치 않으멍.
심복녀	(그제야 말뜻을 알아차리고) 예. 알았습니다. (들어간다)
박수호	자주 얼굴 봅주양?
유옥순	빵 무시것 허젠?
박수호	삼촌. 소식 들읍디가?
유옥순	무슨 소리고?
박수호	좋은 소식과 나쁜 소식 두 가지 이수다.
유옥순	증손주 가진 거 말고 좋은 소식 또 있단 말이가?
박수호	증손자 마씸? 병수 처가 애를 가져수가?
유옥순	그려. 사람은 오래 살고 볼 일이야.
박수호	경사가 겹쳐수다양.
유옥순	그거 말고 좋은 일이 뭐꼬?
박수호	유창수 씨가 삼촌 부친님 함자 아니우까?
유옥순	우리 아버님 이름이 유창수 맞다. 헌디 무사 죽은 사람 거느렴시니?
박수호	방금 시내 경찰서에 다녀오는 길이우다. 거 비행장에서 사건 때 죽은 사람들 시신 발굴했젠 안헙디가?
유옥순	그 소식은 들었져마는?
박수호	경찰서에 조캐가 이선 국과수에서 결과 내려오민 얼른 알으켜 도랜 고라놔십주. 헌디 오늘 아침은 연락 온 거라 마씸.

유옥순	경허연 우리 아버님도 있단 말가?
박수호	예. 나 눈으로 확인해수다. 우리 아버님도 찾았고 마씸.
유옥순	어마떵허리. 이거 무슨 일이고?
박수호	곧세 연락 올 거우다. 장례도 다시 지내야 헐 거난 도새기 내어 노읍서.
유옥순	헌디 나쁜 소식은 뭐고?
박수호	아참. 시내 간 김에 검진 받으려고 병원엘 들려신디, 거기서 용철이 고모를 만났지 뭐우까?
유옥순	경허난?
박수호	남편이 돌아가신 모양입니다. 중환자실에서 울며 나오는 걸 봐수다.
유옥순	죽어? 에고 나쁜 짓 헌 사름 명도 길댄 헌게. 경 살젠 남의 애간장 다 녹여신가? (한숨을 내쉬며) 에휴.
박수호	(걱정스런 표정으로) 삼촌.
유옥순	참 오늘은 이상한 날이네. 모든 일이 한꺼번에 닥치다니.
박수호	돗추렴허랜 영 허는거우다.
유옥순	경허주. 집나간 메느리도 돌아와시난 당장 돗추렴 허게.
박수호	알았수다. 삼촌. 기다립서. 나가 곧 사람들 모아 오크매. (바삐 뛰어나간다)
유옥순	(안을 향하여) 후안아! 벵수야!
김병수	(안에서 나오며) 할머니. 왜 왜요?
유옥순	도새기 잡아야 허켜.
김병수	(영문을 모르고) 도 도새기 잡아요?

후안과 심복녀도 나와 유옥순을 지켜본다.

유옥순 어깨를 들썩이며 춤을 춘다.

유옥순   기여. 동네 잔치해야 허켜. 이렇게 기쁜 날 도새기 잡앙 잔
        치 해야주. 아이구 좋아라. 지화자 좋네.

        암전.

제 9 장

돼지 잡는 날이다.
돼지의 멱 따는 비명소리 들리다 조명 밝아지면 돼지가 밧줄로 목이
묶인 채 이문간(대문) 대들보에 매달려 있는 실루엣 보인다. 바둥거리
다 이내 잠잠해진다.
피쟁이 수호가 앞에서 식칼을 갈고 있고, 후안은 허벅을 지고 물을 길
어 나르고, 병수는 지게에 나무토막을 지어 나르고, 가마솥에 불을 지
피는 등 마을 사람들 부산스럽게 움직인다.

합창   돗추렴 하는 날
       요놈의 도새기 울지를 말어라.
       오늘을 위하여 배불리 먹이고
       오늘을 위하여 정성껏 돌봤지
       살신성인이 너의 운명
       소신공양이 너의 팔자
       오늘은 돗 잡는 날 돗추렴 잔칫날

       요놈의 도새기 억울해 말어라
       네가 없으면 대소사 못 치르고

네가 없으면 식게 맹질 못 하지.

살신성인이 너의 운명

소신공양이 너의 팔자

오늘은 돗 잡는 날 돗추렴 잔칫날

박수호   (일어서며) 돼지털 주문한 사람 누게라?

동네 1   예. 도배장시 덕만이우다. 거 풀비 만드는데 도새기 털 만한
          게 어십주. 뻣뻣하면서도 소락소락 헌 게. (엄지를 내밀며) 왔
          땁주.

박수호   쓸 만큼 뽑아 가게.

동네 1   아 예. (뺀치를 작동해보며 나간다) 이걸로 왕창 뽑아 가쿠다.

박수호   거 병수야.

김병수   예.

박수호   거 눌쿱에 강 보리낭 좀 빼 오라. 털 다 뽑으민 도새기 기시
          려야 헌다.

김병수   아 알아수다. 헌디, 오 오줌보랑 나 줍서 양.

박수호   다 큰 것이 그거 가정 무신 거 허젠.

김병수   아 아이덜이 나신디 부 부탁허연 마씸. 그 그걸 차멍 놀켄.

박수호   경허라. 경허곡 느 처 신디 피 받을 바게쓰 아정 오랜 허라.

김병수   우 우리 색시 모 몸조심해야 허난 일 시키지 맙서. 나 나가
          허쿠다.

박수호   아이고 각시 애낌도.

김병수   해해해. 나 그 금방 애기 아방될 거. 해해해.

박수호   경 좋으냐?

김병수   사 삼촌네 용식인 아 아직 애기 없지 양?

박수호   이게 날 놀리려고. 야 식도 안올린 게 애기부터 만들엉 되나?

유옥순	(다가서며) 안될 거 무신 거꼬. 병수야 그 입좀 다물고 다니라. 사름들이 숭 봄시네.
김병수	(들어가며) 수 숭 봐도 괜찮아. 조 좋은 걸 어떻게. 해해해.
박수호	삼춘 수예 담을 준비 되어신가 마씸?
유옥순	눈 맬라가멍 부지런히 맹글엄져.
박수호	선지는 곧세 굳어부난 재게 섞어야 헙니다.
유옥순	알암져. 헌디 추렴할 사름들 다 오라신가?
박수호	고만 십서 확인 해봅주. (주머니에서 비료봉지 조각을 꺼내들고 확인하며) 어디 보자. 대가리는 성주풀이혈 선주네. (사람들 틈에서 확인하고 체크하며) 오랐고. 전각은 순보네와 점순이네. (소리친다) 점순이네. 점순이네 안 와서?
후안	옆집인데 제가 가서 데려 올게요.
유옥순	거 푸더지지(넘어지지) 말앙 조심허라이.
후안	알았어요. 할머니. (나간다)
박수호	아강발은 춘자네. (확인하며) 춘자가 안 보염져?
유옥순	정지에서 불 솜암서. 헌디 그 늙은 할망이 아강발은 무사?
박수호	메누리 해산 해신디 젓이 족게 나온댄 마씸.
유옥순	기이? 아강발이 젓 불리는 덴 최고주.
박수호	엽갈리는 할망네 식당에 아져다 주기로 했고.
동 네2	(다가와서) 간 좀 구할 수 이수가?
박수호	임자가 이신디? 무신 거 허젠.
동네 2	간이 빈혈에 좋댄허지안험니까? 우리 딸 병 구환허젠 마씸.
박수호	그거 우리 아들 눈이 나빠서 나가 아도 해신디?
유옥순	거 호끔씩 나눵 먹게. 존배설이영 흠치 일꾼들 술안주로도 내놓콕.
박수호	예. 의논 족족협주.

유옥순   경허곡 뒷다리 두 쪽은 나가 쓰는 거 알암주이?

박수호   예. 남겨 두쿠다. 장사 지내는디 경 하영 필요허우꽈?

유옥순   한쪽은 부친 묻는데 쓰곡, 한쪽은 고모네 집에 보내사켜. 경
        안해도 우리 집 도새기 때문 싸워신디. 사름 목숨 하나가 얼
        매나 중한디.(소매로 눈물을 훔친다) 죽어블민 아무 소용 어
        신디. 무사 경 개와 고냉이 마냥 살아신고.

박수호   삼촌은 평생 바당에서 사난 경헌지 참 마음이 바당처럼 넙
        수다.

유옥순   게믄 어떵허느니? 잘못 했젠 무릎 꿇엉 비는디. 이젠 가심에
        묻은 아픔들 다 털어내곡 잊어부러사주. 알고보믄 동네 사람
        들이 다 친족이고 사촌들인디. 경허영 화해가 된다면 경 해
        사주. 혼디 살아사주.

        털 뽑힌 하얀 돼지가 마당으로 도망쳐 나온다. 사람들 희한한 광경에
        놀란다.

동네 1   (소리) 도새기 도망감져. 도새기 심으라.

김병수   (뒤따라 나오며) 거 거기서 꿀순아. (피하는 사람들 앞에 서서)
        재 재게 심읍서게. 무 무사 경 피 피허기만 햄수가.

        돼지와 병수 퇴장하고 수호와 사람들 뒤를 쫓는다.

유옥순   (동네 1에게) 아고게. 도대체 어떵 된 거라?

동네 1   털을 뽑고 나서 끈을 풀고 내려놓았더니, 죽은 줄만 알았던
        도새기가 정신이 돌아와신지 저영 되어수다.

유옥순   어마떵허리. 이 노릇을 어떵허코.

잠시 후, 후안 들뜬 마음으로 들어오며 유옥순을 찾는다. 심복녀 따라
나온다.

후안   할머니, 할머니. 전화왔어요.

유옥순   나신디?

후안   아뇨. 베트남에서. 어머니가 퇴원했대요 다음 주에 한국 오
        신다고 비행기표 예약까지 했대요.

유옥순   다음 주? 아이고, 이거 돗추렴 괜히 했구나게.

심복녀   어머님, 돼지는 얼마든지 있어요. 제가 구해 올 게요.

유옥순   그려 느가 혼주니까. 알앙허라. 이제야 사돈 볼 면목도 생겼
        구나.

후안   아이구 배야. 뱃속의 아기도 기뻐하나 봐요.

심복녀   어서 안으로 들어가 몸조리 해라.

후안   예 어머님.

이때 돼지 울음소리 들린다.

심복녀   돼지가 잡혔나 봐요?

유옥순   흐흐흐 그 몸에 가긴 어딜 가?

며느리 삼대가, 대문간을 바라보며 흐뭇한 웃음을 짓는데 돼지 울음
소리 크게 들리며 막이 내린다.

막.

랭보,

바람 구두를 벗다

❖ 등장인물

고창민	시인
서지안	간호사
차은하	초등학교 교사
차정국	창민의 친구
차풍세	의사
송병선	서청 출신 경찰
어머니	창민의 모
유미	은하의 딸

유격대원, 종업원, 환자 등

❖ 시대   현대와 1948년 무렵
❖ 장소   카페 랭보(차풍세 의원), 학교 교무실, 구치소, 동굴, 산 등

제 1 장

랭보의 『감각』 노래가 흐르면서 객석 불이 서서히 꺼진다.

막이 열리면 시내의 한적한 카페.

'낭랑 18세' 음악이 흐르고 유미 탁자를 닦고 있다.

유미는 가벼운 지적 장애인이다.

외투를 입은 창민이 '카페 랭보'의 간판을 한참 보다 들어온다.

유미는 손님이 온 것도 모르고 흥에 취해서 노래를 따라 부른다.

창민 노래를 듣다가 다 끝나면 박수를 친다.

유미   (박수 소리에 놀라며) 어머, 누구셔요?

창민   놀라게 해서 미안하오. 아직 영업시간 안됐소?

유미   아녀요. 늦장 부리다 좀 늦었어요. 거기 앉으셔요.

창민   노래 참 잘하던데 교습소에라도 다녔소?

유미   우리 엄마한테 배운 거예요. 우리 엄마 노래 짱이에요. 시도
         잘 써요. 상도 많이 받았어요.

창민   좋은 엄마 둬서 좋겠네. 얼굴도 곱고 가수해도 되겠어.

유미   (좋아서) 히히히. 나도 그렇게 생각해요. 헌데, 우리 엄마가
         문제예요. 이런 노래 부르지도 못하게 해요. 내가 너무 이뻐
         서 손님들이 잡아간다고 여기 나오지도 못하게 해요. 참 나
         쁜 엄마죠?

창민   저런. 참 안 됐구만. 아까운 소질을 썩히다니.

유미   그렇죠? 헌데, 나 불쌍 안 해요. 우리 진수가 있거든요. 날
         얼마나 아껴주는 데요. 나 진수한테 시집갈 거예요.

창민   좋겠다. 헌데 여긴 언제부터 카페가 됐지?

유미	응, 아주 아주 오래전, 골 백 년도 더 됐을 걸요?
창민	백 년? 예전에 병원 했던 자리 아니었어?
유미	맞다. 맞아. 헌데 아저씨가 그걸 어떻게 알아요? 가만 어디서 많이 본 아저씨다. 텔레비전에 나왔어요?
창민	아니. 난 일본에서 왔는걸.
유미	일본? (하다가 자랑하듯이) 우리 눈 오면 설악산 갈 거다?
창민	좋겠다. 어머니하고?
유미	아저씨 바보야? 신혼여행을 왜 엄마하고 가? 우리 진수하고 가야지.
창민	신랑 이름이 진수구나?
유미	응. 송진수. 아주 멋있어. 젠틀맨이야.

음악을 끄면서 차은하 나온다.

은하	이런 음악 틀지 말라고 귓구멍 터지도록 말했는데. 여길 딴따라 소굴로 만들 작정이야? 정말 엄마 각 피 토하고 죽는 꼴 보고 싶어?
유미	(싹싹 빌며) 아냐 아냐. 엄마. 다신 안 그럴게. 죽지 마.

은하, 그제야 창민을 발견하고 컵에 물을 따라 쟁반에 들고 나온다.
어머니, 다리 한쪽을 질질 끌며 나온다.

어머니	(환상을 보는 듯) 불이야. 불났어. 집이 불탄다. 이 미친 놈들아.
은하	아휴. 저 노친네가 또 시작이네.
어머니	무서워. 무섭다. 나 살려줘.

은하	유미야. 할머니 약 드렸어?
유미	알았어. (어머니를 부축하며) 내가 노래 불러줄게. 들어가자 응?
창민	잠깐만요? (다가가서 확인한다)
어머니	(피하며) 나 아무 잘못 없어. 제발 때리지 마.
창민	살아계셨군요. 저 모르시겠어요?
유미	우리 할머니 귀머거리야. 안 들려.
모친	(외면하며) 개새끼.
창민	어머니. 저 창민이에요. 죄송해요. 어머니.

은하 놀라서 쟁반을 떨어뜨리고 바튼 기침을 해댄다.
손수건을 꺼내 입을 막는데 각혈을 한다.
유미 겁에 질린 얼굴로 뛰어온다.

유미	엄마. 엄마 죽으면 안 돼. 잘못했어. 엄마. (울음을 터뜨리며) 말 잘 들을게 엄마.

창민 심하게 놀라는데.
암전.

제 2 장

1948년 봄. 초등학교 교무실.
운동장에서 '남북분단 결사저지' '단독선거 절대반대' 구호를 외치며
시위하는 군중들의 소리.

젊은 시절의 고창민 창밖을 바라보다 책상에 앉는데, 차정국 들어온다.

정국 　잘 있었나. 고 선생? 오랜만이야.

창민 　어 정국이. 자네가 여긴 웬일이야? 오늘 학교서 차 씨 집안
　　　 단합대회라도 하나?

정국 　그렇게 한가해 봤으면 좋겠네. 꽃 피는 좋은 시절, 동네 처
　　　 녀애들 데리고 들놀이라도 갔으면 좋겠구만.

창민 　돈 있겠다 남는 게 시간인데 뭘 걱정인가?

정국 　명월이 만공산 해도 시국이 하 수상해서 즐길 틈이 없네.

창민 　저 사람들. 왜 애들 공부하는 학교에 몰려와서 난리야? 시끄
　　　 러워 죽겠네.

정국 　시끄럽다고? 자넨 아프리카에서 왔나? 하기사 학교 다닐 때
　　　 부터 유난 떨었지. 기존의 것을 거부하는 이기적 자유주의자
　　　 였으니까. 헌데, 교사가 되다니 뜻밖이야. 적응은 잘 되나?

창민 　바람 구두를 벗고 현실에 순응하며 살기로 했어.

정국 　그렇게 자유분방하던 랭보가 드디어 철이 드는가 보군.

창민 　춘부장께서 왕림해 계시네. 호열자 예방접종 오신 김에 애들
　　　 건강검진 부탁드렸지.

정국 　흥. 구두쇠 영감이 큰 인심 쓰셨구만. 하기사 그게 그냥 공
　　　 짜는 아닐 테지.

창민 　틀렸네. 전액 무료 봉사야.

정국 　다음 선거를 대비한 포석이란 말이지?

창민 　왜 그래? 전문적인 식견에 탄탄한 재력까지. 차 원장님도 능
　　　 히 정치하실 만한 분 아닌가?

정국 　자네 도대체 개념이 있는 거야 뭐야? 대학물이나 먹은 사람
　　　 이 세상 돌아가는 이치 그렇게도 몰라?

창민	나라를 세우는데 인재들이 나서야지?
정국	그러는 자넨 뭘 하는 거야? 미군에 빌붙은 친일파들이 득세해서 지금 나라가 끝장나게 생겼는데. 어린애들 앞에서 애국심은 어떻고 말로만 떠벌릴 거야?
창민	말이 지나치군. 거리로 나서야만 애국인가? 누군가는 깨우치고 누군가는 앞장서서 투쟁하고. 제 깜냥씩 하면 되는 거야.
정국	이봐, 랭보는 자기 영혼을 검토하고 시련을 가하기 위해서 유랑을 했어. 현실 안주를 거부했기 때문이야. 끝내는 몸으로 시를 완성한 사람 아닌가? 헌데, 시인이 현실을 방관만 하겠다고?
창민	진실은 하나가 아니야. 배고픈 자는 빵을 얻는 게 진실이지만, 빵 만드는 자는 수익을 취하는 게 진실 아닌가? 사상이나 이념 따윈 자네들이나 알아서 하라구. 난 관심 없으니까.
정국	오 알량한 지식인이여. 그렇게 비싼 학비 내며 배운 지식을 호구지책에 만족하겠다니? 하긴 자기 감상에 빠져 주저하고 망설이다, 아! 파도야 어쩌란 말이냐 하고 한탄이나 하는 게 시인들이지.
창민	매도하지 말게. 시인은 천국의 척후병이야. 때로 아픈 영혼을 위로하고 꿈과 희망을 배달하는 전령사가 없으면 이 사회가 얼마나 삭막하겠나?
정국	폴 베르레느처럼 행동으로 보여 봐. '위대한 영혼이여 오소서, 우리는 당신을 원하고 기다리고 있소이다.' 이렇게 정중하게 초청해야 움직일 텐가?
창민	세상은 광기에 싸여 있어. 미친 바람이 부는데 정신병자들처럼 바람 맞이 춤을 추긴 싫어.
정국	자넨 인간에 대한 연민도 없나? 사회에 대한 양심도 없나

구? 낭만주의는 사회를 개혁시킬 수 없어. 자신의 안위만 생각하는 비겁하고 나약한 지성은 직무유기라고. 행동하지 않는 지성이 무슨 소용이야? 혼자 등 따숩고 배부르면 그만이란 말인가?

창민 몽매한 주민들을 선동한다고 뭐가 달라질 것 같애? 프랑스 혁명의 교훈을 잊었어? 죄 없는 사람들 피만 부를 뿐이야.

정국 비겁한 시인이여. 자네의 촉수는 어디를 향하고 있는가? 그 예민하던 감각은 전당포에 맡겨 버린 거야? 하지만 자네도 도피해야 해. 선거일 앞두고 대대적인 예비 검속이 있을 거라는 첩보야. 작년에 봤지? 해방 기념행사 앞두고 무더기로 잡혀 가 생사불명인 거?

창민 내가 왜? 아이들에게 사상이라도 주입했다는 건가?

정국 잡아가는데 이유가 있나? 젊다는 게 이유고 가방 줄 길다는 게 꼬투리지. 해결 방법은 두 가지네. 맞서서 투쟁하는 것과 저들 편이 되어 아부하는 것. 후자가 위험부담은 적겠지만 후유증은 자손대대로 남을 걸? 우리 차 원장님처럼.

가운을 입은 차풍세와 간호사 차림의 서지안 들어온다.

풍세 왜 귀가 간지러운가 했더니, 내가 뭘 어쨌다고 뒷담화냐?

창민 (나가며) 다 끝났나요?

지안 예. (정국에게 눈인사를 보내고 앉아서 사용했던 물건들을 정리한다)

정국 (인사하며) 오랜만입니다.

풍세 어디서 많이 보던 얼굴인데 누구세요?

정국 아이고, 아버지. 왜 이러세요?

풍세	아버지라 부르는 것 보니 내 아들이 맞군. 헌데 여긴 웬일이냐? 너 혹시 저 녀석들과…?
정국	아닙니다. 아버지. 친구 보러 왔어요.
풍세	이상한 소문 들리더라. 거 인민위원횐가 뭔가 쓸데없는데 휩쓸리지 마라. 태풍 불 때는 문단속 잘하고 집 안에 있는 게 제일이다. 건달 노릇 그만하고 들어와. 그러잖아도 사업체 하나 만들고 있는데 그거나 운영해라.
정국	세상이 편안해지면요. 아직 집 안에 있기에 내 피는 너무 뜨겁거든요.
풍세	유학까지 보냈더니 사람 아주 망가졌어. (한쪽으로 가서 손을 씻는다)
정국	애국자가 돼서 왔으니 대단한 투자를 하신 겁니다. (지안에게 다가서며) 지안 씨 오랜만이네요?
지안	예. 뵙기가 참 어렵네요. 그렇게 바쁘세요?
정국	백수가 과로사한다는 말 못 들으셨어요? 미안해요. 보살피지 못해서. 하지만 지안 씬 내 심장을 돌리는 원동력. 지안 씨 없으면 난 시체란 거 아시죠?
지안	어머 농담도 시적으로 하시네.

다시 커지는 시위 군중의 소리

풍세	저런 못된 놈들. 무지몽매한 주민들을 선동해서 뭘 어떻게 하겠다는 건지.
정국	입으로만 떠들고 마음속에만 간직한 애국심보다 백번 났죠?
풍세	선거 반대하는 건 애국이 아니라 망국이다. 우리의 정부와 국회를 만들자는 데 왜 반대야?

정국 함께 해야지요. 남북이 따로 선거하면 우리 민족은 둘로 쪼
      개지는 거 아닙니까? 윌슨의 민족자결주의 정신 모르세요?
      우린 완전한 독립을 해야 합니다.

풍세 독립투사 나셨군. 정통한 정부를 세운다는 데 반대하는 놈은
      역적이야. 다 잡아다 총살해야 해.

정국 우린 강대국들의 전리품이 아니잖아요? 단독선거는 강대국
      의 꼼수라구요.

풍세 이봐 차정국. 너 탐라국 독립운동하는 거니? 다른 지역에선
      다 하는데 우리만 안 한다고 될 일이냐구?

정국 선거엔 커다란 음모가 있다구요.

풍세 빨갱이 다됐군? 네 앞가림이나 잘해 임마.

정국 예. 죄송합니다. 자식한테 아픔 주는 그런 아버지로 살지 않
      기 위해 노력하고 있습니다. 부디 만수무강하세요. (나간다)

풍세 야 이놈아! 저 녀석이. 저거. 저거… 허참. 자식이 웬수야 웬
      수. 지가 무슨 안중근 의사여? 집안 말아먹을 놈하고는.

창민 (들어오며) 수고 많으셨습니다.

풍세 (가운을 벗으며) 수고야 무슨. 우리 은하에게 고맙다고 하게.
      하도 보채는 바람에 긴급하게 주사약을 구해 온 거야.

창민 차 원장님 애들 사랑 잊지 않겠습니다.

풍세 사랑받고 자란 놈이 사랑을 알지. 발열 증세 있는 아이 입원
      조치해. 헌데, 그 아이 집안 사정은 어떤가?

창민 삯바느질하는 어머니와 단둘이 살고 있는데… 입원비 문제
      라면 제가 대겠습니다.

풍세 부모 동의부터 구하게. 나중에 딴소리 안 나오게.

창민 예. 그렇지 않아도 차 선생이 가정 방문 나갔습니다.

풍세 고 선생. 자네도 정국이와 같은 생각인가?

창민	전 시국엔 관심 없습니다.
풍세	그렇지. 자네처럼 현명해야 하는데. 저놈은 왜 저 모양인지. 에이. 쯧쯧. (나간다)
창민	안녕히 가세요.
지안	(의료 기구 정리를 마치고) 어머님은 괜찮으신가요?
창민	예. 덕분에 식사도 잘하시고 밭일도 다니고 있어요.
지안	수술 자국이 다 아물지 않았을 덴데.
창민	고집이 워낙 세서 말 듣나요? 이렇게 차도가 빠른 건 다 지안 씨 덕분이에요.
지안	제가 한 일이 뭐 있다구. 이만 갈게요.
창민	점심 제가 살 게요?
지안	병원 때문에요. 수간호사가 산가 중이라 원장님 퇴근하시기 전까진 꼼짝 못 해요.
창민	그럼, 퇴근 후에 봐요. 드릴 말씀도 있고. 일품정에서 기다릴게요.
지안	상황을 보면서요. 못 갈 수도 있으니 오래 기다리진 마세요.

젊은 시절의 은하 들어온다.

은하	언니, 다 끝났어요?
지안	예. 아인 어떻게 됐어요?
은하	집에 알리고 병원에 눕혀놓고 왔어요.
지안	수고했어요. 먼저 가요. (나간다)
은하	병원에서 봐요.
창민	입원 동의는 받았어요?

은하　　돈 없다고 부득부득 반대하는 걸 겨우 설득했어요. 입원비는
　　　　제가 알아서 할게요.

창민　　우리 반 아이인데 왜 차 선생이 책임져요?

은하　　이런 상황에서 꼭 원칙을 따져야 해요? 다른 곳도 아니고 아
　　　　버지 병원인데.

창민　　난 담임의 책임을 말하는 거요.

은하　　오빠. 꼬박꼬박 말을 올릴 거예요? 둘만 있는 자린데?

창민　　차 선생, 여긴 학교고 지금은 공적인 일을 의논하고 있잖소?

은하　　그런 말투 싫어요. 모래 냄새가 나요.

창민　　(한숨을 내쉬며) 미안해. 요즘 시국에 너무 심란해서.

은하　　오늘 저녁 맛있는 거 먹어요. 제가 살게요.

창민　　선약이 있어.

은하　　생신날인데 누구하고요?

창민　　그런 걸 일일이 보고해야 하나?

은하　　요즘 와서 오빠 이상해졌어요. (핸드백에서 시집을 꺼내며) 여
　　　　기 있어요. 생일 선물.

창민　　(받아서 보며) 랭보 시선집, 이걸 어디서 구했어? 꼭 보고 싶
　　　　었던 책인데 고마워. (악수 청하고 은하의 손에다 키스한다)

은하　　(혼란스러워 하며) 오빠.

　　　　암전.

제 3 장

오후, 병원 사무실.

서지안 책상에서 차트를 기록하는데 송병선 들어온다.

병선   여기 서지안이 누구요?

지안   누구신데요?

병선   나 경찰에 근무하는 송병선이란 사람이요.

지안   무슨 일로 그러십니까? 어디 아프세요?

병선   마음이 아파서 왔수다. 고향도 그립구 사람도 그립구. 아가
      씨가 서지안이요?

지안   그런데요?

병선   야 이거 반갑수다래. 듣던대로 아주 미인이구만. 나 해주에
      서 왔수다. 아가씬 개성 출신이라매?

지안   예.

병선   해주와 개성은 옆 동네이니끼니, 동향이나 마찬가지지. 앞으
      로 친하게 지냅시다. 헌데, 부친이 병원을 하셨다구? 아가씨
      도 부르주아라고 쫓겨났구만이라기래?

지안   그걸 어떻게 아셨어요?

병선   내가 누구요? 나 경찰이란 말이우다. 빨갱이새끼들 때려잡
      으려고 사복 근무를 하고 있수다. 거짓말 아니우다. (허리에
      찬 권총을 자랑하며) 이거 보시오. 이거 아무나 차고 다니는
      거 아니지?

지안   그렇군요.

병선   내래 빨강색만 봐도 치가 떨리우. 고향에선 만석군 소릴 들
      으며 부러운 것 없이 살았는데 그놈의 빨갱이 새끼들한테 다
      뺏겼소. 아가씨도 다 털리고 오지 않았수?

지안   예. 죄송하지만 목소리 좀 낮춰 주세요. 입원환자들이 있어
      서요.

병선	죄송하우다. 내래 동향 사람이 여기 근무한단 소식 듣고 얼마나 반가웠는지. 우리 형제 친척 하나 없는 외로운 사람끼리 서로 의지하고 삽시다래.
지안	예. 잘 부탁드리겠습니다.
병선	요래 만난 게 반가운디 우리 청요리라도 합시다래.
지안	지금 근무 중이라서요. 나중에 시간 되면 제가 연락드릴게요.
병선	그럼 기다리갔소? (명함을 주며) 무슨 일이 있으면 날래 찾아오기오. 내래 지안 씨 부탁이라면 우선적으로 처리해 드리갔소.
지안	생각해 주셔서 고맙습니다.
병선	고맙긴? 동향 사람 좋다는 게 뭐 갔어? 헌데, 이 집 아들 지금 집에 있소?
지안	누구 말씀이죠?
병선	차정국이. 그 놈이 무슨 짓을 꾸미는 것 같은데 요즘 통 보이질 않아서 말이우다.
지안	한 집 식구지만 얼굴 보기 힘들어요.
병선	식구? 혹시 그와 무슨 사이요?
지안	사이라뇨?
병선	부잣집 아들에 일본 유학까지 한 지식인 총각이 미모의 간호원을 개 닭 보듯하진 않았을 것 아니 갔어?
지안	그게 아저씨와 무슨 상관이세요?
병선	아저씨? 어허 섭하구만. 나 아직 총각이오. 오빠라고 불러요.
지안	찾아오신 용건이 뭐예요?
병선	그놈 일본에서 공부했으니끼니 필시 사회주의 물이 들었을 거 아니갔어? 얽히지 않는 게 좋아. 그런 놈은 종국에 가정을 파탄시킬 작자니까니.

은하	언니, 언니 (들어오며) 어머 손님이 있었군요?
지안	무슨 일이에요?
은하	숙이 몸이 팔팔 끓어요.
지안	안녕히 가세요. (급하게 들어간다)
병선	허어, 이거 내가 너무 눈치 없이 떠들었구만. 아가씨가 차정국이 동생?
은하	누구시죠?
병선	아, 나 경찰이요. (명함을 내밀며) 지안 씨 하곤 동향이니 자주 얼굴 보게 될 거우다. (나가며) 또 봅시다.
은하	(불안스럽게 명함을 들여다본다)

조명 서서히 어두워지면 밤이 된다.

사이. 밖에서 문 두드리는 소리.

테이블에 엎드려 잠들었던 서지안, 깜짝 놀라며 일어나 현관으로 간다.

지안	어머, 시간이 벌써 이렇게 되었나? (문 앞에서) 진료 시간 끝났는데요?
창민	(밖에서) 고창민입니다.
지안	(문을 연다) 어머나. 깜빡했네.
창민	(도시락을 들고 들어오며) 도대체 어떻게 된 일입니까? 몇 시간을 기다렸는지 알아요?
지안	매사 이런 식인가요? 저번도 그렇고. 상대방 사정도 모르면서. 당신이 내 봉급 주나요? 그리고 오래 기다리지 말라고 말씀드렸잖아요?

창민	그래도 못 오면 못 온다. 가타부타 말이 있어야 할 것 아닙니까?
지안	지금 취중 행패 부리러 오셨어요?
창민	내가 취한 사람처럼 보입니까?
지안	아니면 지금 뭐 하시는 겁니까?
창민	보면 몰라요? 프러포즈하잖아요?
지안	(어이없어서) 나 참. 시 쓰시는 분은 다 이런가요? 함부로 말하고 제멋대로 행동하고.
창민	불쾌했다면 사과드리죠.
지안	저도 미안해요. 숙이가 열이 오르락내리락해서 차도 좀 보고 간다는 게 깜빡 잠들었어요.
창민	낮에 예방접종이 피곤했나 보군요.
지안	잠깐만요. 거기 좀 앉아 계세요. (입원실로 나간다)
창민	(도시락통을 책상 위에 놓고 이리저리 살핀다. 책상 위에 놓인 사진을 들고 본다)
지안	(사이. 체온계를 들고 들어오며) 다행히 열이 내려갔어요.
창민	잠깐 얼굴 보고 가도 될까요?
지안	잠들었어요. 내일 보세요.
창민	식사 못 했죠? 도시락 싸 왔어요.
지안	됐어요. 무슨 염치에.
창민	미안하면 남의 성의도 받아줘 봐요. (도시락을 꺼내 펼쳐 놓으며) 솔직히 나한테 관심 없어요?
지안	고 선생님 참 나쁘시다. 차 선생 아시면 어쩌려구?
창민	아 은하 선생요? 은하는 한동네에서 자란 동생이고 동료일 뿐이에요.

지안	은하 씨를 통해 고 선생님 이야길 많이 들었어요. 칭찬을 많이 하던데요. 랭보를 좋아하시고 시를 잘 쓰신다고.
창민	전 지안 씨에게 더 관심 많은걸요.
지안	참. 정종 한잔하실래요?
창민	병원에 웬 정종?
지안	(캐비닛 안에서 병을 꺼내오며) 퇴원하신 환자분이 주신 건데 지난번 부모님 제사 때 쓰고 남은 거예요. (옆에 앉아 술을 따른다)
창민	(받으며) 저 사진 부모님?
지안	예. 한날에 돌아가셨지요. 사실 저도 빨갱이라면 소름이 돋아요. 부모님뿐만 아니라 오빠까지 당했어요. 아버진 의사셨는데 해방이 되고 인민위원회로부터 친일파 부르조아라고 지탄받다가 병원이 불타는 바람에…. 서울 외가에 있던 저만 외톨이가 됐죠. 생전 아버지 친한 대학 동창이 제주도에 개업했다는 소릴 들은 적 있어서 여기까지 내려온 거예요.
창민	인생은 어차피 유랑이죠. 태양에서 와서 태양으로 돌아가는 여정. 그 여정 속에서 많은 인연을 만나고 헤어지고… 지안 씨도 한 잔 받아요.
지안	(술을 받으며) 그래요. 전 사람이 그립구 사랑이 고픈 여자예요. (술을 받고 창민과 잔을 부딪쳐 마신다)
창민	왜 정국이가 잘 안 해줘요?
지안	고 선생님은 인생을 너무 장난처럼 사시는 거 같네요.
창민	무슨 말씀인지?
지안	프러포즈도 그렇고.
창민	지안 씨. 내 본심은…
지안	(말을 가로채며) 저 책임 질 수 있어요?

창민   (당황해서 한 발 빼며) 내가요? 난 우유부단하고 매사에 몸 사리는 겁쟁인데…

지안   고 선생님은 운명을 믿나요?

창민   인연이라는 게 그런 거 아닌가요?

지안   전 첫 번째 대면에서 그걸 느꼈어요. 우리가 처음 만난 날 기억해요?

창민   그럼요. 지안 씨를 처음 봤을 때의 전율. 운명은 이렇게 시작되나 보다 생각했죠.

지안   배 타고 처음 이곳을 찾아오던 날, 억수같이 비는 내리는데 우산을 들고 당신은 다가왔어요. 마치 다정한 친구 마중 나온 사람처럼.

창민   지안 씬 날 구원했어요. 난 그날 배를 타고 현실에서 도망치려고 했었죠. 그런데 배에서 내리는 그 많은 사람 속에서 환한 후광이 빛나는 사람을 봤어요. 그 순간 직감했죠. 아 하느님이 나에게 방황을 멈추라고 하는구나. 온몸에 짜릿한 전기가 흐르면서 강한 자석이 날 이끌었죠.

지안   다가와서 한 첫 마디. '이거 당신 우산 맞죠?'

창민   그랬나요? 난 무슨 말 했는지 기억 없어요.

지안   정말 멋있었어요. 바바리코트의 깃을 세우고 우수에 젖은 눈동자를 아직도 잊을 수 없죠. 낯선 섬에서 처음 만난 낭만주의자. 아 이 남자가 살아갈 희망을 주겠구나 생각했죠. 저도 한때 문학을 동경했어요. 발레리, 보들레르, 구르몽 닥치는 대로 읽었죠. 지금도 문학 하는 사람들 보면 가슴이 떨려요.

창민   (시를 낭송한다) 푸른 여름날 저녁 무렵이면 나는 오솔길로 가리라 / 밀잎에 찔리며 잔풀을 밟으며 꿈꾸는 사람이 되어 / 발치에서 그 신선한 푸르름을 느끼리라 / 바람이 내 머리를 흐트러뜨리도록 내버려 두리라 / 나는 말하지 않으리라 아무 생각도 하지 않으리라 / 하지만 끝없는 사랑이 내 영혼 속에서 솟아오르리 / 그리고 나는 멀리 떠나리라 / 아주 멀리 보헤미안처럼 자연을 따라 / 마치 그녀와 함께 있는 듯 행복하리라.

지안   (박수 치며) 와 좋다. 헌데, 어디서 들었던 시 같은데요.

창민   랭보의 '감각'이라는 시죠.

지안   맞아. 랭보의 시예요.

창민   랭보를 잘 아시나요?

지안   열여섯에 프랑스 시단을 발칵 뒤집어 놓은 천재 시인. 서구 상징 시단의 이단아로 손가락질 받았지만 파격적으로 현대 시의 혁명을 완수한 시인이죠.

창민   스무 살엔 시를 버리고 영원함을 찾아 방랑길에 나섰죠. 그를 너무 흠모해서 한때는 랭보라 자칭하고 다녔죠.

지안   그처럼 무모한 도전을 한 시인을 좋아하면서, 정작 고 선생님은 우유부단하다니 이해가 안 가네요.

창민   그게 내 한계인가 봐요. 써야 한다는 강박관념 때문에 시가 더 안 돼요.

지안   시국 때문이겠죠.

창민   사실 세상 돌아가는 꼴이 두렵소. 내가 뭘 어찌해야 하는지. 폭력은 폭력을 부르고 종국에 피를 부를 걸 알기 때문에 어쩌지도 못하는 꼴이 우습소.

지안   시인은 행동가가 아니라 관찰자라고 어느 책에서 읽은 적 있어요. 너무 조급해 마세요. 세상이 조용해지면 과거를 반추하면서 좋은 시를 쓸 수 있을 거예요.

창민   지안 씨 말 들으니 위안이 되는군요. (술을 들이켠다)

지안   참, 생일 축하드려요.

창민   그걸 어떻게?

지안   은하 씨가 선물 때문에 걱정을 하더라구요.

창민   (불현듯 생각나서) 그럼 랭보 시집 지안 씨 거였어요?

지안   아버지가 일본에서 구해 주신 거예요. 꿈꾸는 자에게 기대를
      건다는 의미로 받아주세요. 생일 축하해요.

창민   축하는 축가로 해야죠.

지안   노래 잘 못 하는데 혹시 찔레꽃이란 노래 아세요? 북간도에
      서 고향을 생각하며 만들었다는 노래예요. (일어서서 노래한
      다) 찔레꽃이 붉게 피는 남쪽나라 내 고향.

창민   (일어서서 같이 부른다) 언덕 위에 초가삼간 그립습니다.

지안   (창민의 손을 잡고 춤을 추며) 자주 고름 입에 물고 눈물 젖어
      이별가를 불러주던 못 잊을 사람아.

창민   (노래가 끝나면 자연스럽게 포옹한다)

지안   한 가지만 약속해 줘요. 어떤 순간에라도 나와 함께 하겠
      다고.

창민   이승에서 저승까지 당신과 함께 하겠소.

지안   (흐느낀다)

창민   왜 그래요?

지안   너무 고맙고 행복해요. 헌데, 이 기쁜 순간에 왜 갑자기 부
      모님 생각이 나죠?

창민   (지안의 눈물을 입술로 훑으면서) 울지 마요. 내 사랑. 앞으로
      행복한 일만 생기게 할게요. (깊은 키스를 한다)

      암전.

146

제 4 장

새벽이다.

갑자기 주변이 환해지면서 총소리가 요란하게 들린다.

바지를 입으며 황급히 나오는 창민.

창민　(혼잣소리로) 이게 무슨 소리지?

지안　(잠옷 차림으로 뒤따라 나오며) 무슨 일이에요?

창민　(창문을 열고 보며) 글쎄, 동네 불이 난 것 같소. 연기가 시커 멓게 타올라요.

지안　총소리도 들리지 않았나요?

창민　지안 씨도 들었군요.

지안　예. 한두 발이 아니었어요.

안에서 은하 잠옷 바람으로 나온다.

은하　무슨 일이에요. (하다가 창민을 발견하고) 아니, 오빠가 이 시 간에 여긴 웬일이에요?

창민　(짐짓) 한두 곳이 아니야. (허겁지겁 나가며) 학교에 가 봐야 겠어.

은하　오빠!

지안　(황급히 들어간다)

은하　(탁자 위에 놓인 음식을 보며 고개를 흔들며) 아니지? 이건 아 니야? (창밖을 응시하는데 눈물이 흐른다) 이럴 순 없어. 나를 두고 이래선 안 되지.

하늘이 붉게 변하고 멀리서 총소리가 간간히 들린다.

암전.

제 5 장

며칠 후 저녁. 병원.

어머니가 들어온다.

어머니   간호원 아가씨, 나 왔어.

지안   (반갑게 맞으며) 어머님. 어서 오세요. 벌써 약이 떨어졌나요?

어머니   그게 아니구. 이 일을 어쩌면 좋아. 우리 창민이 선생 못 봤소?

지안   선생님한테 무슨 일 있어요?

어머니   오늘이 나흘째야. 집에도 안 들어오고. 이런 애가 아닌데…

지안   그래요? 소식 없어 저도 궁금해하고 있었는데…

어머니   엊그제 난리에 총에 맞은 건 아닐까?

지안   그럴 리가요. 그랬다면 병원엘 왔겠죠.

어머니   난리도. 난리도 그런 난리 처음 봤어. 꼭 죽는 줄 알았다니까.

지안   많이 놀라셨죠? 저도 온종일 가슴이 뛰어서 혼났어요.

어머니   하이고 말도 말아. 창민이가 들어오지 않아 뒤척이는데 창밖이 환해지는 거야. 밖으로 나와 봤더니 오름 꼭대기에서 불이 피어오르지 않겠어? 천지가 벌겋게 타는 거야. 사방을 돌아보니 여기저기서 불이 붙고 총소리가 들리고 하이고 세상에. 나중에 들으니까 지서가 습격당하고 순사들이 여럿 죽었다고 하더라고. 산 사람들이 그랬다고.

지안   저도 소문 들어서 알았어요.

어머니	그런데 난 도무지 모르겠어. 옆집 영택이네도 산으로 올라갔
	거든. 그 사람들 소풍 간다고 했어. 며칠 산에서 묵고 온다
	고. 헌데, 그 사람들이 그런 엄청난 짓을 저지르다니. 법 없
	이도 살 사람들인데.
지안	산 사람이라고 전부 그런 건 아닐 거예요.
어머니	사람 목숨이 얼마나 중한 건디. 죽은 순사 가족들은 무슨
	죄여?
지안	수술한 곳은 괜찮으세요?
어머니	(대답 않고) 난리통에 당한 거 같아. 꿈자리도 사납고. 자꾸
	이상한 생각만 들어. 혹시 산으로 오른 거 아닐까?
지안	아무렴. 홀로 계신 어머님 놔두고 그럴라구요?
어머니	애비 없이 그 녀석을 어떻게 키웠는데. 우리 창민이 없으면
	난 어찌 살어? 살아도 못 살아.
지안	걱정 때문에 많이 야위셨어요.
어머니	밥알이 목구멍으로 넘어가겠어?
지안	곧 연락 올 거예요. 너무 걱정 마세요.
어머니	아가씨도 시집가서 자식새끼 낳고 살아봐. 부모 마음은 그렇
	게 못하는 거여.

은하가 집 안에서 나온다.
지안 슬며시 자리를 피해 나간다.

은하	아니 삼촌. 오빠 아직껏 연락 없어요?
어머니	그려. 헌데, 어디 아픈 거여? 왜 그렇게 핼쑥해졌어?
은하	감기가 들려나 봐요. 입맛도 없구.
어머니	저런. 그래서 학교도 쉬는 거야?

은하	학교에 갔었어요?
어머니	안 가본 데 없다. 혹시나 해서 밭고랑도 뒤지고 바다 밑창도 다 훑었다.
은하	저도 찾아보고 있어요. 삼촌.
어머니	삼촌이 뭐야? 이젠 어머니라 불러. 더 미루지 말고 금년엔 식 올리자.
은하	예. (하다가 목이 멘 듯 목소리가 떨린다) 어머니.
어머니	왜? 정말 많이 아픈 모양이네.
은하	(흘러내리는 눈물을 닦으며) 아니에요.
어머니	응 우리 창민이 걱정해서 그렇구나. 그려. 그 마음 겪어보지 않으면 모르지. 너무 걱정 마라. 사람 목숨 질긴 것이다.
은하	그래요. 잘 있을 거예요. 어머님.

지안이 약봉지를 들고 들어온다.

지안	어디 다른 데 아픈 건 없는 거지요?
어머니	아파 죽어도 좋은데 우리 창민이만 무사히 돌아오면 좋겠다.
지안	곧 연락이 올 거예요. 여기 영양제도 넣었으니까 밥 먹고 나서 꼭 한 봉지씩 드셔야 해요.
어머니	알았어. (나가려다) 하이고 내 정신 좀 봐. 돈 안 가지고 왔네.
지안	고 선생님한테 받을 테니 그냥 가세요.
어머니	(나가며 은하에게) 너무 걱정 마라. 집에도 자주 들르고.
은하	(현관까지 부축하며) 예. 날씨도 어두운데, 모셔다드릴까요?
어머니	아니야. 나 아직은 눈 밝아. 혼자 갈 수 있어.
은하	그럼 살펴 가세요.
어머니	(소리만) 그래.

지안   그래도 나이에 비해 정정하신 편이세요. 젊어서부터…

은하   언니. 우리 오빠 어디 있는지 알고 있죠?

지안   차정국 씨 있는 곳을 내가 어찌 알아요.

은하   고창민 선생님요.

지안   (사이) 행방을 알면 걱정을 안 하죠. 사건 나던 날 본 게 마지막이에요.

은하   언니가 왜 걱정해? 솔직히 말해 봐요. 그날 밤 둘이서 무슨 일이 있었던 거죠?

지안   왜 그렇게 생각해요?

은하   오빠 생일날 저녁 약속 상대가 언니 맞잖아?

지안   난 저녁 함께하면 안 되나요?

은하   창민 오빠 사랑해요?

지안   (사이) 왜 그걸 은하 씨한테 밝혀야 하죠?

은하   (버럭) 내가 사랑하는 오빠니까. 아니 어떻게 이럴 수가 있어요? 난 친언니처럼 생각하고 모든 걸 믿고 얘기했는데 이럴 수 있는 거야?

지안   은하 씨. 세상에 영원한 것은 아무것도 없어요. 시간도 공간도 인간도 영원한 것이 아니고 우린 잠시 빌려 쓰는 거죠. 영원히 소유할 수 있는 건 아무 것도 없어요. 모든 건 변하는 것이고 지금 제 마음속에 사랑이 잠시 깃든 것뿐이에요.

은하   흥, 사랑? 지금 나한테 설교하는 거야? 말도 안 돼. 기가 차서 말도 안 나오네.

현관에서 정국, 주위를 살피며 남루한 모습으로 들어온다.

정국   무슨 일이야?

은하	아니, 오빠. 이게 무슨 꼴이야?
정국	쉿! 나 지금 쫓기는 신세야. 지안 씨 잘 있었소?
지안	예. 오랜만이네요.
정국	미안하오. 생각 같으면 다 때려치우고 지안 씨랑 편안히 데이트도 하고 싶지만…
은하	오빠. 그만두면 되잖아? 돈이 없어? 뭐가 부족해? 편안히 살수 있는데 왜 나서서 이 고생이냐구?
정국	고생? 이게 다 지안 씨를 위하고 우리 은하를 위한 일인데. 그게 젊음에게 주어진 책임이자 특권이지. 원장님과 사모님 안에 계시냐?
은하	여행 가시고 안 계셔.
정국	이런 시국에 여행? 잘됐네. 식량 가지고 몰래 나갈 테니 못본 척해. 안 그러면 다치니까. 은하야, 챙겨 줄 수 있지?
은하	몰라. 정말 이해를 못 하겠어.
정국	그래 지금은 이해 못 하겠지만 언젠가는 이 오빠가 자랑스럽게 느끼게 될 거다. 지안 씨 조금만 참아요. 나라가 편안해지면 정식으로 프러포즈할게요.
지안	농담은 여전하시네요.
정국	농담이라뇨? 내 심장의 원동력 잊었어요? 지안 씨 생각 얼마나 많이 한다구요?
지안	저 그럴 자격 없는 여자예요.
은하	늦었어. 하려면 진즉 했어야지. 지금이 열녀 춘향이 사는 시댄 줄 알어? 천만에 서지안 씨 마음속엔 벌써 다른 남자가 살고 있다구.
정국	그렇다면 인연이 아닌 게지. 네 말처럼 남자 맘대로 강제 결혼할 수 있는 시대도 아니구. 하지만 나보단 나은 남자 구하

기 쉽지 않을걸? 안 그래요? 지안 씨?

지안   그럼요. 세상 처녀들이 탐낼 매력적인 분이시죠.

정국   그것 봐. (은하 등 떠밀며) 어서 들어가서 좀 챙겨 봐.

은하   (뿌리치며) 오빠는 화도 안나? 이건 은혜를 원수로 갚는 꼴이라구.

정국   상관 말구. 네 일이나 잘해.

은하   (혼잣말로) 흥! 여우가 따로 없지.

지안   혹시 고 선생님도 함께 계세요?

정국   창민이? 여태 소식 몰랐소?

은하   오빠한테 무슨 일 있는 거야?

지안   모친께서도 노심초사 하시는데….

정국   잡혀갔어. 주변에서 얼쩡거리다가….

지안   (놀라며) 예? 잡혀가요?

은하   왜 창민 오빠가 무슨 잘못 했는데?

정국   지서가 습격당했는데 물불 가리겠어? 청년들 보이는 대로 엮어 갔어. 참 재수도 없지.

은하   어떻게 해. 오빠.

정국   지금 남 걱정할 때가 아니지. 놈들이 눈치 채기 전에 여길 빠져나가야 해. 은하야 어서…. (안으로 들어간다)

은하   하필 이런 때 아빠도 없고. 언니 어떻게 좀 해 봐요.

지안   내가 뭘 어떻게?

은하   지난번 그 동향 사람, 경찰 있잖아?

지안   (사이) 그 사람 인상 봤어요?

은하   지금 그게 문제예요? 어떻게든 오빠를 살려내야 할 거 아니에요?

지안   (내키진 않은 듯) 연락은 해 볼게요.

정국   (안에서 소리) 은하야. 뭐 해?

은하   (들어가며) 알았어.

호각소리 여러 번.

지안 불안에 떠는데.

암전.

제 6 장

다다미가 깔린 일식집.

기모노를 입은 여자 종업원이 음식을 준비하고 있다.

송병선 들어온다.

병선   예약한 대로 다 가져온 거야?

종업원   예. 익힌 음식은 나중에 올리겠습니다.

병선   술은?

종업원   여기 주전자엔 사께, 그리고 소주는 여기.

병선   좋아. (지갑을 꺼내 팁을 주며) 자. 중요한 이야기를 할 거니
        까니, 부르기 전엔 절대 들어오지 말라우야. 알갔어?

종업원   (받으며) 알겠습니다. 좋은 시간 되십시오. (인사하고 나간다)

병선. 주머니에서 약봉지를 꺼내 주전자에 타고 잘 섞는다.

회중시계를 꺼내 시간을 보는데 지안 들어온다.

지안   제가 좀 늦었지요? 나오려는데 응급환자가 와서요.

병선	여 이거 제복 입을 때완 영 다른 사람이구만. 영화배우 해도 되겠수다. 내 가슴이 벌렁거리네 그래.
지안	예쁘게 봐주셔서 고맙습니다.
병선	자 한 잔 받아요. 정종이요.
지안	제가 먼저.
병선	어허! 숙녀가 먼저지. 그게 서양식 예법이라는 거 몰라요?
지안	(잔을 들고) 그럼. (받고 나서) 주전자 이리 주세요.
병선	아니요. 난 소주를 좋아해서리. (소주병을 넘기며) 이걸로 주시구래.
지안	(받아서 따르며) 바쁘실 텐데 이렇게 시간 내주셔서 고맙습니다.
병선	동생이 보자는데 만사 제쳐두고 와야지. 고향 사람 좋다는 게 뭐이가? 안 그렇소? 자 첫 잔이니 싹 비우도록 합시다. 자 대동아 평화를 위하여 건배.
지안	건배. (잔을 부딪고 마신다)
병선	그렇지. 술 잘 하는구만 기래. 안주도 들라우.
지안	예. 제가 이렇게 뵙자고 한 것은….
병선	거 술맛 떨어지게 왜 이라요? 누기래 쫓아와요? 한 잔 더 들고 합시다. 자, 받아요.
지안	(받으며) 천천히 마시겠습니다.
병선	나도 한 잔 주그래.
지안	(술을 따르며) 술 취하기 전에….
병선	이거 마저 비우고 합시다래. 자 이번엔 우리의 아름다운 만남을 위하여.
지안	(멈칫하며) 예?
병선	사이좋게 지내자는 의미요. 자 건배.

지안   건배. (조금 마시다 잔을 내려놓는다)

병선   그잔 비우지 않으면 나 이야기 안 듣갔어.

지안   (할 수 없이 잔을 비운다)

병선   그려. 잘했어. 술친구 해도 되갔어. 허허허.

지안   요즘 세상이 시끄러운데 많이 바쁘시지요?

병선   그 빨갱이 폭도 새끼래 지랄 발광해 봤자지. 계란으로 바위 치기 아니갔소? 어찌 미국에 맞서 싸우겠다고? 지서 습격해서 무기 탈취한 놈들이 폭도 아니면 무시기요? 그래 봤자 쪼무래기들이지. 육지에서 경비대가 오고 있소.

지안   경비대까지 동원한다구요?

병선   위에선 여길 빨갱이 소굴이라고 아예 공중에서 석유 뿌려 불 태워버리라고 하잖소? 산에 들어가 숨어 봤자지. 국방경비 대가 오면 싸그리 소탕되고 말 끼야. 그전에 선거 방해 하는 놈들 모조리 잡아들이라는 명령이 떨어졌어. 혹시 근래 차정 국이래 못 봤소?

지안   정국 씨는 왜요?

병선   폭도들과 내통하고 있다는 증거를 잡았소. 그놈 잡으면 승진 도 하고 상도 받을 것인디 날 좀 도와주그래?

지안   제 부탁부터 먼저 들어주세요.

병선   암. 들어주고 말고. 날 보자는 이유가 뭐요?

지안   혹시 잡혀간 사람 중에 고창민 씨를 아세요?

병선   아 그 선생 하는 아 새끼? 알고 말고. 고거래 내가 잡아넣었지.

지안   선배님. 고 선생님은 아무 죄도 없습니다.

병선   이러지 말라우야. 내가 누구간? 불순분자 빨갱이 잡는 게 내 임무 아니갔어? 그놈 폭도들과 내통했다고 자백했어. 사건 터진 날도 차정국이와 이야기 하는 걸 내 눈으로 똑똑히 봤으니까니.

지안	둘은 어렸을 적부터 친구 사이예요. 창민 씨는 이념이나 사상에는 관심도 없는 건실한 청년이에요.

병선   창민 씨? 둘은 어떤 사이요?

지안   존경하는 선생님이에요. 이 나라 미래를 짊어질 아이를 가르치는 교육자 아닙니까?

병선   금명간 처리될 거요. 내 장담하건데 총살되기 십상이요.

지안   제발 그를 살려 주세요. 선배님 역량이면 충분하잖아요?

병선   허나 명분이 있어얄 것 아뇨. 허면 이렇게 합시다. 지안 씬 내 마누라 될 사람이고 그놈은 사촌오빠라면 말이 될 것 같소.

지안   그 사람만 살 수 있다면 아무래도 좋아요. (지갑에서 봉투를 꺼내며) 이건 성의니까 받아두시고요. 풀려나면 다시 사례하겠습니다.

병선   (받으며) 뭐 이런 것까지. 자 걱정 풀렸으니 우리 이젠 술이나 마십시다. 한잔해요.

지안   (술잔을 드는데) 고맙습… 어머. 머리가…. (옆으로 꼬꾸라진다)

병선   지안 씨. (옆으로 가서 흔들며) 왜 어디 아파요. 이봐요. 동생?

밖에서 문이 열리며 종업원 나타난다.

종업원 부르셨습니까? 익힌 음식 올릴까요?

병선   일 없어. 임마. 어서 문 닫아.

문이 닫히고 병선, 지안의 옷을 벗기며 능글맞게 웃는다.

병선   <u>흐흐흐</u>. 호박이 넝쿨째 굴러온다더니. 이것도 네 팔자니끼니 날 원망 마라. 난 임무를 다하는 것뿐이니까.

병선, 지안을 끌어안는데 암전.

제 7 장

며칠 후. 병원.
은하가 사무실에서 책을 보고 있다.
잠시 후 창민 들어온다.

은하   오빠. (왈칵 눈물이 쏟아지는데)
창민   많이 걱정했지?
은하   (눈물을 훔치며) 오빠를 못 보는 줄 알았어요. 이렇게 걱정을 시켜도 되는 거예요?
창민   미안해. 그리고 고마워.
은하   살아 돌아와 줘서 제가 고맙지요.
창민   원장님이 손을 써주지 않았으면 생사도 못 전하고 죽을 뻔했어. 놈들은 젊은 사람은 모두 빨갱이 취급해. 같이 있던 사람들 오늘 아침에도 끌려 나갔는데 모두 죽는다고 아우성이었어. 원장님 안에 계시나?
은하   왕진 나가셨어요.
창민   그럼 나중에 인사드려야겠네.
은하   얼굴이 많이 상하셨어요.
창민   마구잡이로 끌고 가서 개돼지처럼 때리고 패는데… 정말 혀

깨물고 죽고 싶었어. 일본 순사 하던 그 수법, 하긴 세상이 바뀌어도 같은 놈들이 그 자리에 눌러앉아 있는 거 보면 해방은 아직 멀었어.

은하   그래도 살아왔으니 다행이에요.

창민   헌데, 지안 씬 왕진 따라간 거야?

은하   아 모르셨구나. 언니 떠났어요. 몸이 아프다고. 기약 없이 떠났어요.

창민   어디가 아픈데?

은하   몰라요. 한마디 말도 없이 정말 야속해요.

창민   무슨 짓을 한 거야?

은하   오빠. 그런 식으로 말하지 마세요. 헌데, 서지안 씨가 우리 병원에 있게 된 사연은 알아요?

창민   다 들었어.

은하   정국 오빠와 혼인시키기로 작정하고 우리 집에 들인 것도 알아요?

창민   그건 그쪽 생각이겠지. 상관없는 일이야.

은하   (책상 서랍에서 편지를 꺼내며) 오빠가 풀려나면 전해달라고 남긴 편지에요.

창민 편지를 받아 펼친다.
한쪽에 스포트라이트 들어오면 지안 나타난다.

지안   죄송해요. 지금 이 편지를 보고 있을 즈음 난 어느 산사를 헤매고 있을 거예요. 고생 많으셨지요? 얼굴 보고 떠나는 게 도리인 줄 알지만 차마 그럴 용기가 나지 않네요. 길진 않았지만 창민 씨와 함께했던 시간이 너무 행복했어요. 헌데, 난 행복을 누릴 자격이 없나 봐요. 병이 생겼어요. 사람들이 싫어지고 세상이 미워져서 숨 쉬는 것조차 버거워요. 그래서 떠나기로 했어요. 병이 나으면 돌아오겠지만, 언제가 될 진 모르겠네요. 기다리지 마세요. 다시 만나도 옛날로 돌아가긴 힘들 것 같네요. 기다리지 마시고 은하 씨를 잘 보듬어 주세요. 참하고 좋은 여자예요. 그럼….

스포트라이트 꺼진다.

창민   왜? 왜? 왜? 도대체 나 없는 사이 무슨 일 있었던 거야?

은하   나한테 왜 이래요?

창민   은하, 정말 몰라?

은하   아프다잖아? 심신이 허약해져서. 오빠, 내가 뭘 어쨌다구? 정말 너무해. (흐느낀다) 얼마나 마음 졸이며 걱정했는데. 내 생각은 조금도 않구….

창민   미안하다. 은하야. 학교에는 더는 못 나간다고 전해주고, 우리 어머니 좀 부탁해.

은하   오빠 어디 가려구? 우리 집에 있으면 되잖아?

창민   세상이 싫다. 세상이 날 거부하네. 미안하다. (나간다)

은하   가지 마. 가지 말고 우리랑 살아. 오빠.

은하 우는데.
암전.

제 8 장

한라산 중턱의 동굴 속.

나무로 만든 탁자와 통나무 의자들이 놓여 있고,

주변에는 쌀자루 몇 개와 감자를 담은 포대가 놓여 있다.

오른쪽에 입구로 나가는 통로가 있다.

실내는 음침하고 곳곳에 횃불과 관솔불을 켜 동굴 속을 밝힌다.

창민은 오른팔에 총상을 입어 싸맨 채, 유격대원과 논쟁을 하고 있다.

창민　　(쌀자루와 감자 포대를 확인하며) 이거 다 먹을 것 아니오. 이렇게 잔뜩 쌓아놓고 어쩌자는 거요? 사람들 죽은 다음에 장례 치를 음식인가?

유격대　동무는 무슨 말이 그리 많소? 말이 많으면 반동이야.

창민　　반동 같은 거 난 모르오. 허나 사람들이 추위에 떨고 먹을 것 없어 굶주리고 있는데 혼자 배불릴 참이냐고 묻고 있잖소?

유격대　이보시오 이건 비상식량이야. 전투 나갈 때 힘내라고 먹을 전투 식량이라고.

창민　　상부에다 바칠 공물은 아니고?

유격대　불평 말라니까. 나도 명령대로 움직일 뿐이야. 이래 살찌니까 네 눈엔 잘 먹어 그런 줄 아니? 이게 못 먹어 부어 그런 거다. 임마.

창민　　지나가던 개가 웃겠소. 콩자반 하나라도 나눠 먹자는 게 너희들 사상 아닌가? 가난하고 배고픈 사람들 주인인 세상 만드는 게 투쟁 목적 아니냐고? 헌데, 이건 너무 불공평하잖아?

유격대　동무, 그런 말 할 자격이나 있소? 부상당했다구 식량보급 작전에 한 번도 참여 안 한 놈이 무슨 권리로 주둥이를 놀리는 거야? 일하지 않은 놈 먹지도 말라는 말, 못 들었어?

창민　당신들이 말하는 지상천국이 이런 거요? 배를 골며 풀뿌리로 연명하는 사람들이 많은데 대가리들만 기름 낀 배를 두드리겠다?

유격대　말이 심하구만 그렇게 배고프쇼? 그렇다면 내 인심 쓰지. (감자 포대에서 한 개를 꺼내 땅에 던지며) 자. 남 보기 전에 얼른 가지고 꺼지라우.

창민　(화가 치밀어 오르며) 내가 개새끼야?

유격대　이 새끼가 어디서. 너 뭐야? 첩자야? (총을 들고 겨누며) 손들어. 빨리 손들라니까. 안 들면 콱 쏘아 버리겠어. 얼른.

창민　어디 쏘아 봐.

차정국 들어온다.

정국　무슨 일이오? 동무.

유격대　이 싸가지 없는 새끼. 죽여버리겠어.

정국　그 총 내려놓아. 내 친구라고 했잖나?

유격대　(총을 내려놓으며) 그딴 불평 소리 한 번만 더 하면 정말 죽여버리고 말겠어 쌍. 내 손에 죽고 싶지 않으면 여기서 꺼져.

창민　꺼져도 돼지 같은 놈은 죽이고 꺼질 거야.

유격대　(다시 총을 겨누며) 뭐야?

정국　(가운데서 말리며) 어허. 자네 좀 나가 있고, 밖에 있는 손님 들여보내.

유격대　누가 왔어? (나간다)

정국　반가운 손님 오셨네.

162

어머니 한쪽 발을 절뚝이며 들어온다.

어머니   창민아?

창민   아니, 어머니가 어떻게 여기까지.

어머니   하이고, 우리 창민이 살아 있었구나. 너를 찾아 얼마나 돌아다 녔는데. 여기 가서 묻고 저기 가서 듣고 온 산을 다 뒤졌다.

창민   (살피며) 죄송해요. 어머니, 다리는 왜 그래요?

어머니   괜찮다. 하나도 안 아프다. 헌데, 너 팔은 왜 그래?

창민   그냥 좀 다쳤어요.

어머니   어디 보자.

정국   (말리며) 어머니, 괜찮아요. 총알이 스쳤어요.

어머니   그래? 너희들 배고프지? (허리에 동여맨 자루를 풀어 감자를 꺼낸다)

정국   밤중에 혼자 산을 오르다 발을 헛디뎠나봐. 온몸에 상처투성 이야. 나뭇가지를 덧대고 묶었는데 병원에 가봐야 할 거 같 애. 고통이 대단할 텐데.

어머니   하이고, 다 뭉개졌네. 그래도 맛있는 지슬이다. 배고프지? 어서들 먹어라.

창민   전 방금 먹었어요. 먼길 헤매느라 시장하실 텐데 어머니 드 세요.

어머니   난 안 먹어도 배부르다. 너만 있으면 밥 안 먹어도 끄떡 없 이 산다. 어서 먹어라. 너 줄라고 아껴 둔 거다.

정국   어머니 정성인데 받아.

창민   (받는다) 고맙습니다. 자네도 하나 들게.

정국   아냐. 난 마을에 보급 나가서 해결하면 돼.

창민   그럼 어머니를 모시고 가주게.

정국	만나자 이별이라더니. 잠시 모자간에 회포 풀게. 어두워지면 보자구. (나간다)
어머니	난 안 간다. 하나도 안 아프다니까.
창민	치료 안 받으면 발이 썩어요.
어머니	나 걱정은 마라. 근데 신발이 그거 뭐꼬? 배고파 밥 달라고 입 벌렸네. 하이고 발꼬락이 인살 다하고 선생 체면 말이 아니네?
창민	어머니 저 선생… (하다가)
어머니	네가 선생 된 게 얼마나 자랑스러운지 모른다. 우리 동네 사람들 자식 잘 됐다고 얼마나 부러워하는데. 기다려라. 내가 사줄게. 이번 보리 공판 끝나면 시내 가서 멋진 구두 사줄 거다.
창민	어머니 저 구두 필요 없어요.
어머니	아니다. 남들 욕한다. 광나는 구두를 신어야 신사지. 내 아들 신사 하고도 남지.
창민	(감자를 먹다가 목이 막힌 듯 켁켁 거린다)
어머니	천천히 먹어라. 물이 어디… (움직이다가 다리가 삐긋한다) 악.
창민	어머니.

암전.

제 9 장

몇 달 후. 밤이다.

병원 안이 밝아오면 지안이 돌아와 일을 하고 있다.

환자와 상담하면서 진료기록부를 작성하고 있다.
환자는 머리를 동여맸다.

지안   이름은 김말자 씨고요. 생년월일은요?

환자   나 그런 거 몰라.

지안   그럼 올해 몇 살이세요?

환자   글쎄 쉰까진 생각나는데… 아 그런 거 왜 물어봐? 머리가 아
              픈데 너 때문에 더 아파 이년아. 아이고 골치야.

지안   아프시면 낮에 오셔야지요. 의사 선생님 퇴근하신 지 한참
              됐어요.

환자   속 뒤집어지는 소리 말아. 아침부터 부지런히 걸어서 왔다
              이년아.

지안   자 이리 오세요. 입원실로 가게요. 약을 드릴 테니 드시고
              주무시면 낼 아침 의사 선생님 뵈실 수 있어요.

환자   (일어서며) 아이고 어지러워.

지안 환자를 부축해서 입원실로 향한다.
잠시 후, 현관에서 조심스럽게 밖을 살핀 후 차정국 들어온다.
정국, 약제실을 뒤져 치료약과 붕대 등을 주머니에 넣는데,
문이 열리는 소리를 듣고 얼른 숨는다.
병선, 들어와서 총을 꺼내들고 이리저리 살피는데,
지안 나온다.

지안   누구세요? 진료 시간 끝났는데요?

병선   (놀라며) 어? 서지안. 방금 차정국이 들어왔지?

지안   (증오의 눈빛으로) 아니요? 환자 한 분밖에 없어요.

병선　　차 원장은?

지안　　가까운 일가에 상이 나서 시골 갔어요.

병선　　정말 안에 아무도 없어?

지안　　내 말 믿기지 않으면 가서 찾아보세요.

병선 안으로 들어가는데, 다른 쪽에서 정국 나온다.

지안　　(놀라며) 어머나.

정국　　(작은 소리로) 쉿. 돌아왔다는 소식 들었소.

지안　　(손가락으로 가리키며) 저기.

정국　　알아. 약을 챙겨 가야 하오. 총상을 입은 동지가 있어서. (인
　　　　기척을 느끼고 다시 숨는다)

병선　　(들어오며) 분명 이리 들어오는 걸 봤는데?

지안　　환자분을 착각하신 거겠죠?

병선　　(권총을 허리춤에 집어넣으며) 그런가? 이게 몇 달 만이가? 그
　　　　간 소식도 없이 어딜 갔었소. 얼마나 보고 싶었다구.

지안　　용무 끝났으면 돌아가세요.

병선　　이거 서방님한테 왜 이러시나?

지안　　(어이없어서) 참나! 기가 막혀서. 입에서 나온다고 다 말인
　　　　줄 아세요?

병선　　처녀를 건드렸으면 책임져야지. 나 사나이야. 책임질게. 우
　　　　리 결혼하자.

지안　　(외면하며) 짐승 하곤 말 섞기도 싫어요.

병선　　왜 이러실까? 날 못 믿어서 그래? 나 능력 있는 사나이야.

지안　　(버럭) 꺼져 이 자식아. 당신 용서 못 해. 당신 때문에 얼마나
　　　　많은 밤을 불면으로 보냈는데. 그걸 잊으려고 얼마나 방황했

는데. 당신 때문에 내 인생이 얼마나 망가졌는지 아느냐구?

병선 어허. 목소리 낮춰요. 우리 사일 소문내려고 이래? 나로선 반가운 일이지만 점잖은 처녀가 소문나면 안 되지.

지안 어서 나가. 다신 내 앞에 나타나지도 말아.

병선 오랜만에 본 서방님한테 너무 하는 거 아냐? 갈게, 갈 테니까 한 번만 안아 보자.

지안 (수술용 메스를 집어들고) 당장 꺼져. 내 몸에 손만 대봐.

병선 (다가가며) 어허. 그 앙탈이 날 점점 흥분시키는데….

지안 (물러서며) 가까이 오지 말라구.

병선 약속 지켜야지? 사후 사례한다고 한 약속 잊었어?

지안 이 짐승 새끼야. 가까이 오지 말라니까.

병선, 재빨리 달려들어 지안의 팔을 휘어잡고 비튼다.
메스가 떨어지자 뒤에서 껴안는다.
그리고 지안을 제압하여 책상에 엎드리게 하고 치마를 걷어 올리는데,
정국 나타나 기물을 잡고 병선의 머리를 내려친다.
병선 쓰러진다.

정국 도대체 무슨 일이 있었던 거요?

지안 아무 일도 아니에요.

정국 이놈을 그냥 뒀다간 당신이 평생 무사하지 못 할 거요.

지안 잠깐만요. 제가 챙겨드릴 테니 어서 가세요. (안으로 들어간다)

병선 (정국 다가서는데 일어서며 권총을 꺼내 겨눈다) 오 차정국이. 제 발로 걸어 들어왔구나. 잡으려고 놓은 덫을 용케 피해 다니더니. 잘 걸렸다.

정국 이 개만도 못한 놈. 지안 씨한테 무슨 짓을 한 거야?

병선	서지안은 내 마누라야. 순결을 나한테 바쳤거든. 그러니 남 가정사에 신경 꺼.
정국	개새끼. 유황불에 빠뜨려도 시원치 못할 놈.
병선	(총을 겨누며) 어허. 손들어. 어서.
정국	(할 수 없이 손을 든다)
병선	(안에다 대고) 안에 있는 거 알아. 어서 나와. 안 나오면 발포한다.
환자	(손 들고 나오며) 하이구 머리 아픈 사람 왜 오라 가라야?
병선	이건 또 뭐야?
환자	머리가 깨져 죽겠는데. 넌 무슨 지랄이여, 이 자식아.
병선	이 할망구가? 머리에 바람구멍 내줄까? 어서 안 꺼져.
환자	알았어. 꺼질게. (나가며) 아이구 골치야. 나보다 더 골치 아픈 놈 있네.
병선	(소리치며) 안 나오면 이놈 죽인다.
지안	(손 들고 나오며) 쏘지 말아요.
병선	거기 서 있어. (정국에게) 뒤로 돌아서.
정국	(순순히 따른다)
병선	(정국의 몸수색 하며) 지안 씨 하곤 어떤 사이야?
정국	지안 씬 내 약혼자야.
병선	약혼자? 흐흐흐 병신. 지랄 떨고 자빠졌네. 저 여자가 왜 제 발로 걸어와 순결을 바쳤는지 모르지?
지안	그만해. 이 날강도놈아.
병선	고창민을 풀어주는 댓가였어. 알어?
정국	이 더러운 인간 말종새끼.
병선	이거 왜 이래? 난 신사야. 거래는 깨끗하게 했지. 이제야 알겠냐? 이 미련스런 병신 새끼야. 여자를 믿지 마.

지안　　주둥이 닥쳐. 지옥에 떨어질 놈아.

병선　　망할 창녀 같은 년. 저년 사타구니 본 적 있어? 혼자 보긴 아
　　　　까운 한 송이 꽃이야. 거시기 옆에 사마귀가 귀엽더군. 보고
　　　　싶지?

지안　　이런 악마.

정국　　날 잡아가고 지안 씰 놔 줘.

병선　　(정국의 머리에 총구를 대고) 그건 자네 생각이고. 뭐 어때? 서
　　　　간호사. 사랑했던 사람 마지막 가는 길에 자선 좀 베풀어 줘.

지안　　사람 탈을 쓴 이 악마 새끼.

병선　　(정국의 목을 움켜쥐고 총을 가까이 대며) 어서 치마 올려. 말
　　　　안 들으면 이놈은 죽는다.

정국　　하지 말아요. 지안 씨.

병선　　하나~. 두울. 세.

지안　　안 돼. (치마를 걷어 올린다) 이 지옥에 떨어질 놈.

병선　　흐흐흐. 어때? 황홀하지. 눈 뜨고 잘 봐. 겉으론 점잖은 척
　　　　하지만 속은 시꺼먼 위선자들. 인테리라고 별 수 있어? 벗겨
　　　　놓으면 다 마찬가지지. 이놈 살리고 싶으면 어서 빤스 내려.

정국　　(눈을 질끈 감으며) 그만해. 이놈아 차라리 날 죽여.

병선　　이 빨갱이 새끼가 죽고 싶어 환장했나. (방아쇠 안전장치를
　　　　풀며) 그래 정 소원이라면….

지안　　(애원하며) 제발 살려 줘요.

병선　　(음흉스럽게 웃으며) 으흐흐 그럼 좋은 말로 할 때 화끈하게
　　　　보여 봐. 어서!

지안　　(울음을 터트리며 팬티를 내리려다) 난 못 해. 차라리 날 죽여
　　　　라. (물건을 던지며) 이 짐승 변태 새끼야.

병선 던지는 물건을 피하는 순간, 정국이 병선과 엉킨다.

사이.

권총이 떨어지면서 발사되자 지안 놀라 털썩 주저앉는다.

병선은 정국을 제압하고 위에 걸터앉아 마구 때린다.

정국 이내 늘어진다.

병선 허리에서 단검을 꺼낸다.

병선   이 빨갱이 웬수놈. 목 따고 가서 상 받아야겠다.

병선 정국을 찌르려는 순간.

지안 권총을 잡아들고 병선을 쏜다.

병선 쓰러진다.

지안   (달려가 정국을 흔들며) 정국 씨. 정국 씨 정신 차려요.

정국   (일어서며 사태의 심각성을 깨닫고) 지안 씨가….

지안   미안해요.

정국   지금 한가하게 그런 말 할 틈 없소. 어서 피해요. 사람들이 몰려 올 거요.

지안   병원을 두고 어떻게 가요?

정국   여기 있으면 더 큰 수모를 당할 겁니다. 여긴 나한테 맡기고 산으로 올라가요. 창민이가 총상을 당했소.

지안   (일순 긴장하더니) 아니요. 갈 수 없어요.

정국   그냥 놔두면 팔을 잘라야 해요.

지안   그럼 정국 씨도 함께 가요.

병선   (신음 소리로) 사 살려 줘.

정국   이놈 이대로 놔뒀다간 우리 집안 박살 날 거요. 처리하고 갈
           테니 먼저 몸을 피해요. 어서.

지안   정국 씨.

정국, 단검을 주워 병선을 찌르려는데,
현관문이 열리며 차풍세 들어온다.

풍세   (사방을 살피며) 도대체 이게 무슨 일이야?

암전.

제 10 장

산기슭. 마을이 내려다보이는 언덕에 나무들이 울창하다.
창민을 부축하고 지안 나타난다.

창민   여기서 좀 쉬었다 갑시다. 어차피 해가 져야 내려갈 수 있
           으니.

지안   곧장 병원으로 가서 입원해야 해요. 응급처치는 했지만 어떻
           게 견디셨어요?

창민   총알이 스친 것뿐인데 이렇게 상처가 덧날 줄 몰랐소.

지안   한여름에 진물렀는데 치료도 않으니 오염된 거죠. 미련스럽
           게 살이 썩는데 잘도 참았네.

창민   당신이 떠난 고통에 비하면 이건 아무것도 아니오. 차라리
           당신을 기다리다 죽는 것이 행복한 일 아니겠소?

지안   당장 수술 받아야 해요. 은하 씨가 잘 보살펴 주실 거예요.

창민   다시 만나 반갑고 이렇게 찾아주니 감격스럽소. 당신이 곁에 있으니 통증이 마비된 것 같소.

지안   산속이라 해가 빨리 떨어지는가 봐요. 벌써 추워지네요.

창민   헌데, 지안 씨 정말 괜찮겠소? 여긴 먹을 것도 부족하고 생활하기가 영 불편한데.

지안   난리 끝나면 다시 만나게 되겠죠.

창민   그러지 말고 같이 갑시다.

지안   아뇨. 저기 보세요. 마을에 불이 났나 봐요. 검은 연기가 마구 솟아오르는데 한두 곳이 아니에요.

창민   소개 작전이 시작된 모양이오.

지안   소개 작전?

창민   중산간 마을 사람들을 바닷가로 이주시키고 마을 전체에 불을 놓은 거지. 산사람들과 소통을 막으려고.

지안   저기 불타는 거 밭 아닌가요?

창민   맞아요. 보리가 다 익었을 텐데 불을 놓다니. 농민들은 어찌 살라고. 아 인간들 하는 짓들이….

지안   (안타까워하며) 아 이런. 난리가 빨리 끝나야 할 텐데.

창민   산속에 있는 사람들이 모두 죽기 전엔 안 끝날 거요. (주머니 속에서 시집을 꺼낸다) 자, 이것 받아요. 이 시집은 당신이 간직하는 게 좋겠소. 내게 그랬듯이 공포와 고통을 잊게 하는 진통제가 될 거요.

지안   (받고서 갑자기 헛구역질을 해댄다)

창민   왜 그래요?

지안   저, 실은… 애를 가졌어요. 예전에 사랑했던 사람이 있었는데, 미처 말씀드리지 못해 죄송해요.

창민	사랑했던 사람이라니?
지안	미안해요. 사정이 그렇게 됐어요.
창민	사정? 그래서 미안하니까 면목이 없으니까. 편지 한 장 남겨 두고 쇼를 한 거요? 그렇게 가벼운 여자였소?
지안	그런 뜻이 아니에요.
창민	아니면 사람 그렇게 우습게 보았소?
지안	지금은 무슨 말을 해도 못 믿을 테지만 언젠가 이해하게 될 거예요.
창민	이러면 안 되는 거 아닌가? 신의라는 걸 헌신짝처럼 버리다 니. 사람이 어찌….
지안	속일 생각은 추호도 없었어요. 운명을 믿었는데 우린 늘 엇 갈리네요. 인연이 아닌가 봐요. 조심히 내려가세요. (돌아서 서 나가려는데)
창민	지안 씨.
지안	(돌아서며) 세상이 나보고 투사가 되라 하네요. 내 목숨 지 키기 위해서 더 강해질 거예요. 그러니 제 걱정 마시고 치료 받고 어머니도 만나셔야죠.
창민	(절망하며) 아 하늘이 미쳤어. 세상이 질투하는구나. 가만히 있는 나에게 왜 이리 혹독한 시련을 주십니까?
지안	(살피며) 쉿. 누가 이리 와요.

일어서서 움직이려는데 인기척 소리.

소리	거기 누구야? 손 들고 나와.
지안	토벌댄간 봐요.

창민	이러고 어찌 뛰겠소. 돌아가면 동굴 사람들 모두 죽어요. 내 걱정 말고 어서 몸을 피해요. 꼭 돌아올 테니 몸조리 잘하고.
소리	어서 나와. 안 나오면 쏜다.
창민	어서 가요. 다치기 전에.
지안	(뒤로 피하면서) 꼭 살아야 해요. 꼭…. (도망간다)
창민	(손을 흔들며) 그래. 지안 씨도.
소리	셋 셀 때까지 안 나오면 쏜다. 하나, 둘….
창민	(손들고) 쏘지 말아요.

창민, 손을 들고 내려간다.
암전.

제 11 장

호리전트에 군중들의 실루엣.
이윽고 총소리와 함께 쓰러지는 사람들.

며칠 후 겨울. 구치소.
찬바람 소리가 한바탕 몰아친다.
감방문이 열렸다 닫히는 소리와 함께 내동댕이쳐지는 창민.
고문을 당해 만신창이가 되었다.

정국	(옆방에서) 이봐. 정신 차려. 이봐요. (사이) 고창민. 자네 고 창민 맞지?
창민	(가까스로 몸을 일으키며) 누, 누구…요?

정국	랭보, 나야. 차정국.
창민	정국이 자네가…?
정국	그래. 이리 가까이 와 봐.
창민	(일어서려 애쓰는데 다시 정신을 잃는다) 어… 안 돼….
정국	랭보! 창민아!

암전 되었다가 밝아지면 구치소의 뜰.
창민과 정국이 해후한다.
정국은 다친 왼쪽 발을 끈으로 동여맸다.

정국	자네 신을 믿는가?
창민	신? 귀신? 그런 게 있기나 한 거야?
정국	난 요즘 신의 존재를 인식하기 시작했어. 사악한 무리들에게 그냥 세상을 주어버리지 않고 정의의 힘으로 인간을 구원하심을 느끼고 있어.
창민	난 신의 존재를 믿지 않아. 하느님이 계시다면 악의 무리들이 이렇게 활개 치게 놔두진 않겠지. 사욕을 채우기 위해서 남을 해치는, 악마의 탈을 쓴 인간들을 왜 가만 놔두는 거냐구?
정국	하느님은 너무 바쁘셔. 더 큰 복을 주시기 위해 우릴 시험하시는 거야. 어떤 시련과 고통도 난 두렵지 않아. 악의 무리는 반드시 유황불에 던져지고 말 테니까.
창민	현실의 고통을 그런 식으로 합리화하나? 뼈가 부러지고 뇌가 흔들리는 고통이 그런다고 잊혀져? 악몽 같은 아픔이 목숨 붙어 있는 날까지 지옥을 헤매게 할 텐데도.
정국	자네만 고통을 당한 게 아냐. (발을 절뚝이며) 이것 봐. 병신 됐어. 그래도 고문을 이겨내고 목숨을 유지시켜 준 것은 다

신의 뜻이라고 생각하지. 나를 평화의 도구로 쓰기 위한 은
사야.

창민 깨닫게 해준 고문기술자한테 감사드려야 하겠군?

정국 죄의식이 마비된 병자들이지. 손가락에 박힌 가시 하나에도
엄살을 떨면서 도살장에서 가축을 분해하듯 사람 목숨을 유
린하는 놈들이야. 그러면서도 가정에선 인자한 아버지 행세
를 하고. 이게 인생이야.

창민 자넨 이미 성인이 다 됐군.

정국 바람 앞에 촛불 같은 목숨이지만. 이 난리가 끝나면 난 신부
가 될 거야.

창민 그럼 지안 씨는 어쩌고?

정국 어쩌다니?

창민 자네 그렇게 무책임할 수 있나? 지안 씬 자네 애를 가졌다고.

정국 (껄껄 웃으며) 이봐. 하늘을 봐야 별을 따지. 손도 한번 못 잡
아 봤는데 임신? 난 순결주의자야. 혼전에 어떻게 그런 생각
이나 했겠나?

창민 자네가 아니라구?

정국 그 서청놈 아일지도 몰라.

창민 송병선이 말이야?

정국 그래. 자넬 빼내기 위해 그 말종한테 갔다가 당한 거라구.

창민 그럼 나를 석방시킨 게…?

정국 병신. 돌아온 지안 씨 만나고도 그걸 몰랐어?

창민 아니야. 너무 혼란스러워. 못 믿겠어.

정국 자신을 못 믿는 것도 큰 병이다.

창민 (괴로워하며) 그래서 지안 씨가 절교 선언을?

정국 바보야 여자의 심리를 그렇게 모르나? 지안 씨 사랑한 거 맞

아? 사랑은 상대의 어떤 허물도 안고 가는 거야. 애는 지우면 되는 거구.

창민   그래야 하는데. 생각은 그런데. 도저히 현실을 받아들일 수 없어.

정국   흥. 입으로는 랭보를 부르면서 마음은 햄릿이구만. 너 그러다 정말 지안 씨 놓친다.

창민   정말 모르겠다. 어떻게 해야 할지.

정국   여기 앉아서 개죽음 당하지 마라.

창민   설마? 재판받고 얼마간 살면 풀려나겠지.

정국   참 너무 순진하구나. 지금 같은 난리에 재판이 어디 있어? 빨갱이는 전부 총살이야. 며칠 전 학살 사건 못 들었어? 마을 사람들 학교 운동장에 모아 놓고 경찰, 민보단 가족 빼놓고는 전부 총으로 몰살시켰다는 거야. 모두 미쳤어. 제정신들이 아니라구.

창민   무장대는 경찰에 협력했다 죽이고, 토벌대는 산사람 가족이라 죽이고. 광란의 시대가 따로 없구만. 허나 산에 피신했을 뿐 빨갱이는 아냐.

정국   우겨도 소용없어. 여기선 끌고 가 죽여도 아무 흔적도 남지 않아. 파리 목숨이라구. 날 육지로 이감시킨대. 말이 이감이지 그건 죽음이야. 이미 결심했어. 앉아서 죽느니 사는 방법 택하기로.

창민   그럼 탈출?

정국   (끄덕인다)

창민   그 몸으로?

요란스럽게 호각 소리 울린다.

각자 방으로 입실. 입실을 알리는 확성기 소리.

정국   난 살고 싶어. 꿈이 있잖아. 사제가 되어 죄지은 사람들 하
           느님께로 인도해야 해. 나가면 일본으로 튈 거야. 같이 안
           갈래? 오늘 밤이야.

창민   (고개를 저으며) 난 자신 없어.

정국   그럴 줄 알았다. 우린 서로 노는 물이 다르니까. 그래 이 땅
           에 평화가 오면 그때 다시 만나자.

행동을 재촉하는 확성기 소리 들리고, 어두워진다.
사이.
갑자기 호각소리와 함께 비상 사이렌 소리.
이윽고 여러 발의 총소리.

제 12 장

밝아지면 며칠 후, 면회실.
은하가 앉아 있는데 창민 들어온다.

은하   살아계셨군요. (손수건을 꺼내 눈물을 닦는다)

창민   오랜만이군.

은하   너무 해요. 생사 간 기별도 안 주고.

창민   정국이 일은 참 안 됐어.

은하   좀 말리지 그랬어요. 그렇잖아도 아버지가 구명을 위해서 백
           방으로 손을 쓰고 있었는데.

창민	정국인 아주 절실했어. 어쨌든 살아서 회개할 줄 모르는 죄인들을 구제하려고.
은하	시신을 수습해 장례를 치렀어요. 아버진 병원 문도 닫고 술로 지내고 있고 어머닌 충격에 몸 져 눕고.
창민	(눈을 감고 시를 낭송한다) 풀잎은 기립하고 싶으나 / 바람은 늘 수평으로 내갈기지 / 번뇌는 어디서나 야비하게 눈을 뜨고 / 이슬마저 버거워 잠들지 못하는 / 하 그리 많은 번죄의 시간 / 흔들리며 명상하고 / 흔들리며 굵어가는 세월 / 흔들리며 마르고 시들어 / 끝내 착근 못하는 영혼이여 / 바람 따라 떠도는 풀잎이여.
은하	시를 쓰셨군요.
창민	'떠도는 풀잎'이라 제목 붙였어. 정국이에게 조금이라도 위안이 되었으면 해서.
은하	그래요. 시를 쓰세요. 고통 받는 민중을 위해 좋은 시를 쓰는 것이 오빠도 구원 받는 길이라 생각해요.
창민	구원? 그렇게 해서 세상에 위로가 될까?
은하	방금도 제게는 큰 위안이 됐는 걸요? 참, 어머님이 행방불명이에요. 사람들은 폭도 가족이라고 잡혀갔다고도 해요.
창민	폭도? 하하하하, 내가 폭도야? (괴로워하며) 난 폭도도 사회주의자도 아니야. 헌데, 왜 날 괴롭히지?
은하	억울하고 비참한 일이 어디 오빠뿐이겠어요? 어떻게 해요. 시국이 그런걸. 평화의 날이 올 때까지 체념하고 살아야죠.
창민	은하야, 우리 어머니 강단이 있어서 쉽게 죽지 않으실 거야. 꼭 좀 찾아서 돌봐 줘. 부탁이야.
은하	알았어요. 그리고, 지안 언니한테서 기별 왔어요. 해산 날이 가까워졌다고.

창민   (외면하며) ….

은하   기회를 보아 몰래 병원으로 데려와야죠.

창민   위험하지 않아?

은하   그렇다구. 모른 척할 수 있어요? 오빠. 그러지 말고 저랑 일
       본으로 가요. 난리가 끝날 때까지 잠시 도피해 있으면 되잖
       아요?

창민   여기서 살아나갈 방법 있어?

은하   다 조치해 놨어요. 오빤 전향서만 쓰면 돼요.

창민   전향? 나보고 빨갱이임을 인정하라구? 은하도 그렇게 생각
       하는 거야?

은하   그저 방편일 뿐이에요. 그들에게 협조하는 척 눈 감고 지장
       찍어 주면 돼요. 뒤처리는 내가 알아서 할게요.

창민   양심을 속이라고? 난 못해.

은하   오빠가 살아날 방법은 그것밖에 없어요.

창민   난 못해. 양심과 자존심은 시인에겐 생명보다 더 귀한 거라구.

은하   그럼 앉아서 죽을 거예요? 오빠, 잠시 눈 감는다고 영혼을
       파는 건 아니잖아요. 시간이 없어요. 여기서 끌려 나가면 끝
       장이에요.

소리   면회 시간 다 됐습니다.

       암전.

제 13 장

눈 묻은 겨울 산.

180

총소리가 요란하게 들린다.

잠시 후, 가슴에 총 맞은 지안을 부축하며 창민과 은하가 들어온다.

지안은 만삭이고 은하는 약 가방을 들었다.

은하   여기서 잠깐 쉬고 가요. 출혈이 심해서 응급 처치해야겠어요.

창민   (지안에게) 미안하오. 나 때문에 당신은 늘 고통을 받는구료.

지안   아니에요. 어서 먼저 가세요.

은하   (약 가방을 펼쳐 거즈를 꺼내 상처를 막는다) 멀리 떠날 분이
       왜 따라와서 일을 어렵게 만들어요.

창민   미안해. 송병선이가 뒤를 밟을 줄 미처 생각 못 한 내가 바
       보야. 목숨 구해 준 은혜. 인사라도 하고 떠나려 했소. 고마
       워요.

지안   고맙긴요. 얼굴을 봤으니 여한이 없어요. 이제 당신들 세상
       이에요.

은하   언니, 한때는 원망도 많이 했지만, 미안해요. 정말 미안해요.

지안   죗값을 받나 봐요. 두 분의 행복을 가로챘으니 벌 받는 거
       죠. 이제 제자리로 돌아갈게요.

창민   지안 씨. 약한 마음 갖지 말아요. 병원에 가면 얼마든지 살
       수 있어요.

지안   당신을 만난 건 축복이었어요. 헌데, 내게 주어진 행복은 여
       기까진가 봐요.

은하   왜 그런 소릴 해요. 아기 키우면서 행복을 느낄 날이 낳은
       데. 힘을 내세요. 조금만 더 내려가면 돼요.

지안   틀렸어요. 날 여기 놔두고 어서들 가세요. 놈들에게 붙잡히
       기 전에.

창민   미안해요. 저승까지 함께 하기로 한 약속 못 지켜서.

지안 　　진심을 믿어요. 허나, 하늘이 용납 않는걸…. (숨소리가 가빠
　　　　진다)

은하 　　오빠. 이러다간 배 놓치겠어요. 단속이 심해져서 다시 배를
　　　　띄우기가 어렵대요. 들키지 말고 조심해서 내려가세요.

지안 　　그래요. 어서….

은하 　　언니는 나한테 맡기고 어서 가요. 어서요.

지안 　　은하 씨도 함께….

은하 　　아직 절망할 때가 아니에요. 정신 줄 꽉 붙들어요. 언니.

창민 　　지안 씨. 미안해. (나간다)

은하 　　연락 기다릴게요.

산속에 다시 눈이 내린다.

지안 　　눈이… 곱다. (하다가 진통이 오는 듯) 아 아 악.

은하 재빨리 다가선다.
암전.

제 14 장

제1장에서 며칠 후.
암흑 속에서 시위하는 소리 들린다.
'군부독재 물러가라' '유신헌법 철폐하라'는 구호가 반복해 들리고,
잠시 후 최루탄 쏘는 소리.
사람들의 함성 들리다 사라진다.

'카페 랭보'에 불이 들어오면 곱게 늙은 은하 카운터에 앉아 책을 읽고 있다.

나이 든 송병선. 정장 차림으로 들어선다.

병선   마침 있었구만. 차 여사 그렇지 않아도 내 한 번 만나려 했지. 나 그렇게 무책임 한 사람 아니요. 정신없이 바쁘다 보니 늦어졌소. 알잖소? 요즘 내 처지.

은하   알고도 남지요. 바쁘실 텐데 뵙자고 해서 죄송합니다. 선거 운동은 잘 되시죠? 분위기 좋던데요. 꼭 당선되실 거예요.

병선   고맙소. 유미는 어디 갔소?

은하   할머니 모시고 산책 나갔어요.

병선   우선 못난 아들이 저지른 일 사과드리오. 그놈의 자식이 애비를 돕지는 못할망정.

은하   아니요. 오히려 잘된 일이지요. 처음엔 유미를 놀리는 줄 알고 야단쳤는데, 진수 그놈 참 진득하면서도 따뜻하더라고요. 송씨 집안에 어떻게 그런 자식이 태어났는지.

병선   (헛기침을 하고) 우리 단도직입적으로 말합시다. 어떻게 했으면 좋겠소?

은하   선택의 여지가 없어요. 사랑은 청춘의 자산이고 강력한 무기죠. 누구도 그들을 갈라놓지 못 해요.

병선   얼마면 되겠소?

은하   제 말뜻을 모르시겠어요? 날 잡으세요. 인도주의에 호소하면 득표에도 많은 도움이 될 겁니다.

병선   그걸 말이라고 하시오? 그런 모자란 애를 우리 집안 며느리로 받아들이라고? 애당초 씨도 안 먹힐 일을. 내 코가 석 자니 너 잘 걸렸다 떠넘기려는 수작 아니요?

은하 우리 유미가 어때서요? 도화지 같은 영혼을 가진 천산데. 주체 못 해서 떠넘긴다고요? 유미는 당신 집안을 정화시킬 아입니다. 송병선이 아닌 송진수와 가정을 이루는 거라구요. 좋아요. 선택하세요. 전 재산 내놓고 선거 포기하든지, 복둥이를 안고 가든지.

병선 흥, 다 된 밥에 재 뿌리겠단 소리군? 난 어느 것도 못 해. 맘대로 하시오.

은하 솔직히 과거를 생각하면 유미를 당신 집안에 보내는 게 가당키나 하겠습니까? 허나 뿌린 대로 거두는 겁니다. 당선시키는 건 어렵지만, 낙선시키는 건 한 방이라는 거 모르세요?

병선 이봐, 차 여사. 지금 날 협박하는 거요? 누굴 핫바지로 아나? 이거 왜 이래?

은하 두 집안의 안녕을 생각해서지. 내가 왜 사돈어른을 협박합니까?

병선 (어이없어서) 뭐 사돈?

밖에서 어머니가 탄 휠체어를 유미가 끌고,
창민 뒤따라 들어온다.
송병선, 창민을 보다가 당황하며 외면한다.

은하 (다가가 어머니를 맞이하며) 춥진 않았어요?

창민 세상 달라진 게 하나도 없구만. 아직도 젊은이들이 거리로 나서고 있으니….

어머니 (재채기를 한다) 에에 에이치.

유미 (그 모습이 웃긴 듯) 하하하. 할머니. 재미있다. (흉내 내며) 에 ∼ 에치.

어머니	미친년.
은하	(콧물을 닦아주며) 남 힘들어 죽겠는데 놀리긴. 가서 물이나 한잔 가져와.
유미	물? 알았어. (가다가 송병선을 발견하고) 어? 아버님. 언제 오셨어요?
병선	아버님? 허어 이거 작당들 했구만? 내가 어째서 네 애비야?
어머니	(멍한 표정으로) 미친놈들. 지랄하네 개새끼들.
창민	(한참 보다가 다가서며) 당신 송병선이 맞지?
병선	(반가운 척 허풍 떨며) 이게 누구야? 고창민이? 살아 있었구만. 이거 반갑수다. (악수를 청한다)
창민	(외면하며) 선거 벽보 보며 설마 했는데. 당신이 선거에 나간다고?
병선	그려 화려한 내 이력도 보았나? 나 성공했네. 당선도 따 놓은 당상이고 말야. 으하하하. 당선 자축연에 초대할 테니 꼭 와 주게.
창민	허어. 세상이 거꾸로 돌아가고 있구만. 정의가 다 죽었어.
어머니	나 살려 줘. 이 나쁜 놈들아. 왜 이 지랄들이야. 나 살고 싶어.
유미	(물을 가져와 건네며) 물 먹어. (입에다 가져가나 고개를 돌린다) 할머니 화났어? 할머니 그러지마. 응? 그럼 나 노래 안 불러준다. 어서 물 먹어.
어머니	(악다구니 치며) 이 개새끼들아. 난 죄가 없어. 그만해. 아파 죽겠다. 이놈들아. 아이고 아파. 아이고 삭신이야. 나 죽네. 아이고.
은하	유미야. 할머니 많이 아프신가 보다. 모시고 가서 약 드려라.
유미	응. (휠체어를 끌고 간다) 할머니, 아파도 참아. 약 먹자. 응?
어머니	아이고. 나 살려. 이 죽일 놈들아.

병선   (한쪽으로 비켜서서 외면한다) 나 원 참.

은하   어떻게 맞았는지 갈비뼈 두 개에 다리까지 부러졌는데도 용
케 도망 나와 병원엘 찾아 왔었어요. 요즘도 날이 흐리면 온
몸이 쑤시나 봐요. 얼마나 아프면 저렇게 악다구닐 치겠어요.

창민   무덤 속에 간들 어찌 악몽이 잊히겠소? 죄 없는 사람 저렇게
망가뜨려 놓고도 편히 잠이 오는가?

병선   이봐, 자네 때문에 저렇게 된 거 모르는가? 비겁한 도망자가
무슨 헛방귀 뀌는 거야?

창민   도망자? 그래 네 손에 죽어야 영웅이구나? 회개할 줄은 모
르고. 참으로 가련한 인생이구만. 그렇게 사람들 잡아가 고
문하고 죽인 놈이 공직 선거에 나선다구? 아이구야, 발가벗
고 칼 찬 꼴 보기 좋겠다.

병선   이거 아직도 빨갱이 물이 줄줄 흐르는구만 기래. 너 일본 갔
다더니 조총련 아새끼들 밑구멍 닦다 왔지? 쪽바리 물 먹으
면서 거기서 편안히 살지. 왜 나타나 조용한 연못에 돌을 던
지간?

창민   칼을 물고 자결해도 용서 못 할 살인마. 인간이라고 다 인간
인 줄 아냐?

병선   (웃으며) 허어. 나 참. 내가 사람 죽였다는 증거 있어? 뭐 주
고 뺨 맞는다더니. 이거 죽을 목숨 살려 주었더니 은공도 모
르고 되레 삿대질이네.

창민   설마, 서지안까지 모른다곤 않겠지? 그녀를 죽음에 이르게
한 것. 네 놈 짓 아니라고 잡아뗄 건가?

병선   난 직업에 충실했던 것 뿐이라구. 서지안 건도 여기 증인이
있지. 차 여사 말해 보시오.

은하   내가 뭘요? 난 할 말 없습니다.

병선	그럼 내게 전화한 건 처녀 귀신인가? 이거 왜 이래? 부탁할 때 언제고 이제 와서 혼자 뒤집어쓰라는 거요?
은하	고향 후배랑 잘 사귀어 보라고 했지. 폭행하라고 했습니까?
병선	내 여자로 만들라며?
창민	(절망하며 은하에게) 아 어떻게 이런 일이? 아니야 사실이 아니야. 당신은 그럴 사람 아니지?
은하	(눈물 흘리며) 맞아요. 다 내 잘못이에요. 당신을 빼앗기고 싶지 않았어요. 정말 후회 많이 했어요. 언니가 괴로워할 때마다 난 죽고 또 죽었어요. (바튼 기침을 한다)
창민	(탄식하며) 아! 여자의 질투는 숨겨진 악마의 발톱이구나. 순수한 영혼을 소리 없이 할퀴어 파멸시키다니. 내 탓이오. 다 내 탓이야.
은하	당신한테 갈 수 없었던 이유를 이제 아시겠어요?
병선	이봐, 고창민이 세상 물정 좀 알고 살아. 정의가 항상 승리한다는 건 만화책에나 나오는 소리지. 이기는 자가 정의고 진실이 되는 거라구. 세상이 얼마나 빨리 변하는데? 변화에 민첩하게 대응하지 못하면 낙오되는 거야. 비참한 꼴 더 보고 싶지 않으면 조용히 돌아가.
은하	가더라도 결혼식은 치르고 가야지요.
병선	결혼식? 차 여사. 아니 저 빨갱이와 결혼하기로 약속한 거요?
은하	말씀 삼가세요. 당 사돈 되실 분인데.
병선	뭐 사돈?
은하	이분이 유미 생부세요.
창민	(놀라며) 내가?
은하	죽어 가는 사람이 거짓말하겠어요? 고창민 딸이라고 똑똑히 들었어요.

병선   어허. 무슨 일이 이렇게 꼬이나? 흙탕물 피하려다 똥 밟은 꼴이군 젠장. 바빠서 이만 실례하겠소. (나간다)

창민   (충격에서 벗어나지 못해서) 유미가… 유미가 정말로…?

은하   왜 전혀 근거 없는 말인가요?

창민   아니요. 과분한 은총에 어찌 할 바를 모르겠소. (성호를 그으며) 오 하느님.

은하   (바튼 기침을 하고나서) 태어나면서 지능이 모자랐어요. 양자로 입적시키고 키웠지만 이젠 당신이 알아서 하세요. 유미가 가고 나면 나도 자유로워질 거예요. 한때는 당신 보고 싶은 마음에 구박도 많이 했지만, 덜떨어진 저년 때문에 죽고 싶어도 죽지도 못했어요.

창민   죽긴 왜 죽소? 당신이 그렇게 그리던 사람이 여기 돌아왔는데. 세월에 먼지 묻을 만큼 한참을 돌아 제자리로 왔는데. 날 두고 어디 간단 말이요?

은하   이러지 마십시오. 난 죄인입니다. 죽지 못해 사는 인생이라구요.

창민   그 난리에서 살아난 사람은 다 죄인이지요. 보고도 눈 감은 죄, 입이 있어도 진실을 말하지 못한 죄. 내가 누굴 탓하겠소? 내 모친과 유미를 건사해 주었으니 당신은 스스로 용서받은 겁니다.

은하   그리 생각해 주시니 이제 눈을 감아도 여한이 없습니다.

창민   산소에 갔었소. 정착 못 하고 떠돈 바람 같은 세월, 이젠 바람 구두를 벗고 평생 당신한테 속죄하며 살아야 한다고 유미 모친이 신신당부합디다.

은하   난 이미 보상받은걸요. 당신을 생각하는 시간들은 행복했어요. 당신은 마르지 않은 제 시의 원천이었죠. 그렇게 아홉

권의 시집을 쓰게 했으니 감사드려야죠. 허나, 이젠 시를 쓰지 않을 거예요.

창민   그렇지 않아요. 그리움을 진득하게 삭혔다면 그걸 우려내는 건 내 몫이요. 열 권 스무 권의 시집도 더 갖게 할 거요. 억울한 청춘 시절에 복수를 위해 내 기꺼이 시샘을 길어 올릴 두레박이 되겠소.

은하   이러지 마세요. 이런 식으로 내가 넘어갈 것 같아요? 이제 와서?

창민   당신은 유미의 모친이니 우린 이미 부부 아니오? 바람을 견딘 나무일수록 단단한 법. 이젠 그 어떤 바람도 가족이란 숲을 쓰러뜨리진 못할 거요. 사랑을 이루기에 우리에겐 아직 많은 시간이 남았잖소?

은하   나쁜 사람. 좋은 시절 다 지내고 왜 이제야 왔어요. 애간장이 다 녹아 없어지고 쭈그렁 할망구가 다 된 이 마당에 난 어쩌라구.

창민   무정한 세월도 오롯한 정절 앞엔 눈 감았나 보오. 당신은 옛날 그대로요. 늘 가슴에 사랑을 품고 살았으니 고울 수밖에.

은하   혼자 산 여자의 히스테리를 감당할 수 있겠어요? 죽을 때까지 복수할 텐데?

창민   속죄할 기회를 준다면 달게 받지요. 너무 오래 기다리게 해서 미안하오.

은하   잘 오셨어요. 돌아와 줘서 고마워요. (포옹한다)

어머니   (들어오며) 불이야, 저기 불이 났어. 뭐 하는 짓이야. 불났다고. 년놈들아.

창민과 은하, 깜짝 놀라서 떨어져 선다.

유미   (휠체어를 끌고 나오며) 할머니 불이 아니고 눈이야. 엄마 눈
      이 와.

은하   (휠체어로 가며) 응, 그렇구나. 그렇게 그리던 아들 만났으니
      어머니도 기쁘지요?

창민   어머니.

어머니 이 나쁜 새끼들 다 지옥에나 가. 개자식들아.

유미   (그것이 재미있는 듯) 으흐흐흐, 할머니 바보. 욕쟁이.

창민   어머니 마음 다 알아요. 가슴에 품고 있으면 더 아파요. 억
      울해도 맺힌 것 다 놓아버려요. 그래야 편해져요. 우리끼리
      알콩달콩 살면 되잖아요.

어머니 눈가에 눈물이 흐른다.
은하 손수건으로 닦아 준다.

유미   (밖으로 나가서) 야 첫눈이다. 신난다. 나 시집갈 거다. 엄마,
      진수랑 눈이 오면 결혼한다 약속했잖아?

은하   그래. 네 엄마도 축하해 주시는가 보다. 가시던 날에도 소복
      이 눈이 쌓이더니만.

모두 움직임 없이 내리는 눈을 쳐다보는데.
음악이 흐르면서.
서서히 막이 내려온다.

막.

게스트하우스

꿈

❖ 등장인물

한풍운   찰스 리. 영화배우
이윤주   형사
모친   풍운의 어머니
망부   망령
짱   게스트하우스 꿈 주인

❖ 무대   게스트하우스의 내부 휴게실.
         테이블 위엔 꽃병이 놓여 있고 주변에 소파 또는 의자 몇 개.
         무대 뒤편 중앙에 커튼이 달린 커다란 유리창.
         왼쪽은 남자 룸. 그 앞은 현관으로 가는 통로.
         오른쪽은 여자 룸. 그 앞은 내실로 들어가는 통로.

무대에 잔잔하게 안개가 스며들고, 장중한 구음과 함께 하나둘씩 하늘에서 내려오는 영혼들.

문을 열며 나타나는 풍운. 그는 텁수룩한 수염과 산발을 하고 허름한 복장이다.

풍운은 그들을 붙잡으러 쫓아다니지만, 영혼들은 올라갔다 내려오기를 반복하며 한스런 구음을 내뱉는다.

풍운   (공중에 매달린 영혼들을 보며) 오시오. 잠들지 못하는 그대들이여, 갈 곳 몰라 구천을 떠도는 영혼들이여. 오늘도 어김없이 나를 찾아오셨구려. 말하시오. 당신들의 억울한 사연을 털어놓으시오. 무덤 속에 묻힌 진실을 끄집어내시오. 어둠 속에서도 살아있는 것들은 숨을 쉬며 새벽을 기다리지만. 당신들에겐 희망이라는 게 없소. 고통스럽고 괴로운 병자들도 쾌차의 기대로 그 고통을 견디지만, 희망이 없는 삶이란 죽음보다 더 끔찍하오. 당신들도 잠들지 못하지만 나도원통함에 불면의 밤을 보내고 있소. 어디 말 좀 해 보시오. 내가 어떻게 해주면 좋겠소. 속 시원하게 말 좀 해 주시오. 나보고 어쩌란 말이오. 그렇게 말없이 바라보는 당신들이 두렵소. 구원해 줄 수 없다면 나타나지 마시오. 날 괴롭히지 말고 제발 가시오. 사라지란 말이야. 꺼져. 꺼지라고.

풍운 허공을 허우적대다가 제풀에 지쳐 쓰러진다.
구음 소리 높아지면 풍운 머리를 쥐어뜯으며 비명을 지른다.

암전.

무대 밝아지면 막대 걸레를 들고 휴게실을 청소하는 짱.
클래식 음악이 흐르는데 초인종이 경쾌하게 울린다.

짱   (보며) 들어오세요. 문이 열려 있어요.

도어 벨이 울리면서 윤주 캐리어를 끌고 주변을 살피면서 들어온다.

짱   어서 오세요. 이윤주 씨? 저는 짱이라고 합니다. (손을 내민다)
윤주   (악수하며) 안녕하세요?
짱   일주일 예약하셨죠?
윤주   예. 상황 봐 가면서 더 묵을 수도 있어요.
짱   뭐 하시는 분이세요?
윤주   왜요. 신분을 꼭 밝혀야 하나요?
짱   그렇게 여러 날 묵는 분이 없어요. 주말 낚시꾼이거나 2박이
        보통이거든요. 가끔 실연당한 분들이 오실 땐 긴장이 되기도
        하죠.
윤주   걱정 말아요. 전 소설 쓰러 왔어요.
짱   아 작가시군요.
윤주   소설가가 내 꿈이죠. 주변이 조용하고 운치가 있어서 작품이
        잘 써질 것 같아요. '게스트하우스 꿈'이라는 이름도 좋구요.
짱   경치 좋은 이곳에서 좋은 계획들 세우시라는 뜻이죠. 참, 이
        섬엔 주의할 곳이 있어요.
윤주   (말을 막으며) 바람의 언덕 말씀이죠?

짱	아시는군요. 거긴 위험한 절벽이에요. 바람이 휘감기며 돌아서 작년에도 사고가 났어요.
윤주	알아요. 그만한 건 조사하고 왔죠. 피곤해요. 파도가 장난이 아니었어요. 배가 뒤집혀 죽는 줄 알았다니까요.
짱	너울이 센 걸 보니 태풍이 올라오나 봐요.
윤주	손님은 저 혼잔가요?
짱	아뇨. 한 분 계세요. 평일이라서 그렇지 주말엔 예약이 넘쳐요.
윤주	여자분?
짱	남자분인데요.
윤주	(의미심장한 미소를 지으며) 그래요? 어디로 가면 되죠?
짱	여성 전용 룸은 (가리키며) 그쪽으로 들어가시면 됩니다. (들어가는 뒤에다 대고) 짐 풀고 얼른 나오세요. 섬들 사이로 떨어지는 낙조가 끝내줍니다.

짱, 뒤편으로 가 커튼을 젖히자 노을이 붉게 물들어 있다.
기분이 좋은 듯 휘파람 불며 청소하는데 어두워진다.

실내 밝아지면 뒤편 유리창으로 땅거미가 내리고 있다.
은은한 음악이 흐르는데.
도어 벨이 울리면서 윤주 사색이 되어 안으로 들어온다.

윤주	(내실 쪽으로 향하여) 짱! 짱? 좀 나와 봐요. 어서요.
짱	(앞치마를 입고 나오며) 무슨 일이시죠?
윤주	귀… 귀신이 있어요.

짱	귀신? 에이 그런 게 어딨어요?
윤주	정말 귀신을 봤다니까요? 저기 대나무 숲 있잖아요. 거기서 갑자기 하얀 물체가 나타났어요.
짱	(웃으며) 전 매일 새벽 운동을 하면서 그 앞을 수도 없이 다녔는데, 아직 그런 걸 본 적 없거든요? 기운이 허하신 모양입니다.
윤주	분명 내 눈으로 봤다니까요. (몸서리를 치며) 아이고 무서워. 혹시 바람의 언덕에서 죽은 영혼이 산책을 하고 있던 것 아닐까요?
짱	그런 말씀 삼가해 주세요. 헛소문이 나면 누가 여길 오겠어요?
윤주	진짜라니까요. 정 믿기 어려우면 나랑 같이 확인하러 가요.

도어 벨이 울리면서 가면을 쓴 풍운이 피곤한 모습으로 들어온다.

윤주	(놀라서 짱의 뒤에 숨으며) 저… 저것 봐요.
짱	아, 우리 집 손님이에요. (풍운에게) 그것 보세요. 다들 놀라잖아요?
풍운	(윤주를 노려보다가 말없이 남자 룸으로 들어간다)
윤주	손님이라구요? 소름이 돋아요. 왜 저러고 다녀요? 난 무서워서 여기 못 있겠어요.
짱	(안심시키며) 무슨 사연이 있는지 도통 말을 안 해요. 마음 놓으세요. 오늘 밤만 지나면 떠나도록 권유할게요.
윤주	저런 사람이랑 한 지붕 아래 잠을 자라구요? 당장 내보내세요. 안 그러면 내가 나가겠어요.
짱	(난처해하며) 손님, 이 섬에서는 더 이상 숙박할 곳이 없습니다. 연락선도 이미 끊겼고요. 접근 않도록 잘 말씀드릴게요.

윤주	(킁킁거리며) 헌데 이거 무슨 냄새죠?
짱	(생각난 듯) 아차, 국…. (뛰쳐 들어간다)
윤주	아유 끔찍해. 밤중에 가면은 또 뭐야? 헌데 이 불길한 예감은 뭐지?

윤주. 살금살금 남자 룸으로 가서 소리를 엿듣는데.
벌컥 문이 열리면서 풍운이 나온다. 손에는 야전삽이 들렸다.
윤주 놀라서 넘어진다.

풍운	왜 내가 그렇게 무섭소? (삽자루 중간의 조임새를 돌려 길게 만든 후 고정시킨다.)
윤주	(위기를 느끼며) 그 삽.
풍운	당신한테 뭘 어쩌자는 것 아니니 참견 말아요. (현관 쪽으로 움직인다)
윤주	(일어서서) 잠깐 이 목소리. 당신을 알 것 같아요. 혹시…?
풍운	(발걸음을 멈춘다) ….
윤주	찰스 리 맞죠? 영화배우 찰스 리. 한풍운 씨.
풍운	(당황하며) 사람 잘못 보셨소.
윤주	틀림없어요. 난 당신의 팬이에요. 가면을 썼다고 목소리를 모르겠어요? 살아계셨군요. 그래요. 살아 계신 것만으로도 고마워요.
풍운	(위협적으로 다가서며) 당신 누구요? 정체가 뭐야? 기자야?
윤주	아니에요. 전 당신을 좋아하는 열혈 팬이라구요.
풍운	(삽을 들고) 여긴 왜 온 거야? 당신 스토커지?
윤주	(물러서며) 이러지 마세요. 전 소설 쓰러 왔어요. 헌데, 이런

곳에서 당신을 만나다니 로또 맞은 기분이에요. 정말 찰스 리를 지금도 존경하고 흠모하고 있어요.

풍운   (한풀 꺾이며) 한풍운은 죽었어. 그런 쓰레기 같은 자식은 죽 어서 마땅하지.

윤주   (의자에 앉으며) 아니에요. 아니에요. 제발 그런 소리 마세요. 찰스 리는 절대 그런 분이 아니에요. 왜 이렇게 변했나요.

풍운   (시니컬하게 웃음을 흘리며) 흐흐흐 그런 놈은 세상에 태어나 지 말았어야 했어.

윤주   아니요. 찰스 리님은 많은 사람들에게 위안을 주었어요. 당 신이 부르는 노래는 상처받은 영혼들을 위로했고, 당신이 출 연한 영화는 피곤한 서민들에겐 피로 회복제가 됐어요. 늘 정의를 노래했고 삶의 진실을 찾는 메신저였어요. 많은 사람 들이 당신을 기다려요.

풍운   (흥분하여) 다 거짓이고 위선이야. 당신이 그 자식에 대해 뭘 알아. 그 자식 진짜 모습을 알아? 그놈은 자기 연민에 빠져 서 존재를 기망하려고 허수아비 춤을 춘 것뿐이야.

윤주   아니에요. 제발 그런 말씀 마세요. 아직도 당신을 사랑하는 사람들이 얼마나 많은데요.

풍운   (뭔가 생각난 듯) 당신 휴대폰 있지? 이리 내봐요.

윤주   (멈칫하다가) 이건 사생활 침해예요.

풍운   당신은 이미 내 인생의 울타리를 침범했잖아.

윤주   (주머니에서 꺼내며) 여기 있어요. 하지만 사용 못해요. 패턴 으로 잠겼으니까요.

풍운   (받아 주머니에 넣으며) 잠시 내가 보관하겠소. 그리고 당신 이 내 정체를 안 이상 여기서 내보낼 수 없어. 이름이 뭐요?

윤주	이윤주요.
풍운	이윤주 씨. 나에 대한 기억은 전부 지워버려. 당신은 찰스 리를 만난 적도 없구, 한풍운이라는 사람은 세상에 존재하지 않아. 적어도 내가 이 섬을 떠날 때까지, 그리고 흔적 없이 사라질 때까지 내 시야를 벗어나선 안 돼. 알겠소?
윤주	(고개를 끄덕이며) 시키는 대로 할 게요. 헌데, 당신의 눈빛은 너무 불안해요. 제발 분노를 거두고 예전의 모습으로 돌아와 줘요.
풍운	내 일에 참견 말고 얌전히 있어요. 이 섬을 나갈 때까지 여기 주인장이라는 놈한테도 절대 발설 안 한다고 약속할 수 있죠?
윤주	약속할게요.
풍운	약속 어기면 나도 어떻게 돌변할지 몰라.
윤주	당신을 믿을게요.
풍운	(삽을 거머쥐고 밖으로 나간다)
윤주	(뒷모습을 보다 울먹이며) 어쩌다 이 지경이 되셨어요. 풍운님.

암전.

푸르스름한 달빛이 비치는 밤이다.
안개가 피어오르면서 하얀 옷을 입은 망부가 등장하여 풍운을 부른다.

망부	풍운아. (사이) 한풍운. 이리 나오너라.
풍운	(방에서 나오다 놀라며) 누구요?
망부	이놈. 벌써 아비를 잊었냐?

풍운   아버지?

망부   아비를 이런 누추한 곳에 눕혀 놓고. 도대체 뭐 하자는 게야?

풍운   (무릎을 꿇고 앉아) 꼭 일 년만이군요. 돌아가신지….

망부   흥. 네 놈이 내 제사라도 지내겠다는 거냐? 당장 나를 형들
         에게 돌려 줘.

풍운   그리 할 수 없습니다.

망부   네가 나를 모실 자격이나 있다고 생각하는 거냐? 내 눈을 쳐
         다보며 얘기해 봐.

풍운   (고개를 숙이며) 아버지. 부끄럽습니다. 부끄러워 고개를 들
         수 없습니다.

망부   고개를 들라고 했다.

풍운   (눈을 감은 채) 전 마주할 자신이 없습니다.

망부   아비의 명령을 거역할 셈이냐?

풍운   제 의지가 말을 듣지 않습니다.

망부   (가까이 다가가서 흉측한 얼굴을 들어서 보고) 얼굴은 이게 뭐
         야? 이 개새끼.

풍운   (뿌리치며) 이러지 마세요.

망부   부모한테 받은 것을 이렇게. 아직도 철 들지 못하고 반항
         이냐?

풍운   전 얼굴이 없습니다. 없었으면 좋겠습니다.

망부   네가 아무리 발버둥 쳐도 근본은 부정할 수 없다. 뿌리 없는
         나무가 어디 있더냐?

풍운   그래서 괴롭습니다. 거부할 수 없어서. 내 몸속을 흐르는 그
         더러운 피를 어쩔 수 없어서.

망부   한심스러운 놈. 한풍운이란 좋은 이름자 버리고 찰스 리는
         또 뭐야?

200

풍운	벗어나고 싶습니다.
망부	귀여워하면 수염을 잡아다닌다더니. 호강에 겨워 실성을 한 게로구나.
풍운	차라리 무지랭이 범부의 자식이었다면. 순박한 주정뱅이 촌부의 아들이었다면 오히려 자랑스러웠을 겁니다.
망부	(혀를 차며) 쯧쯧. 못난 놈이 조상 탓한다더니. 이놈아. 우리 집안이 어때서? 너를 낳은 니 어미를 원망해라.
풍운	어머니가 무슨 잘못입니까. 불쌍하신 우리 어머니를 그렇게….
망부	쯧쯧. 그렇게 말려도 안 듣더니. 넌 어려서부터 천덕꾸러기였어.
풍운	예. 그래서 매도 많이 맞았지요.
망부	네 형들을 보아라. 태생은 못 속이는 거야. 천한 섬 년 보듬어주었더니. 은혜를 원수로 갚는 게지.
풍운	가정부를 건드린 게 단초 아닙니까? 첩의 자식이라고 미운 털이 막혀서 구박도 놀림도 많이 받았습니다.
망부	어려서부터 못된 놈들과 몰려다니며 싸움질이나 하고.
풍운	술 마시고 찾아오는 날은 매가 무서워서 집 밖으로 도망치기 일쑤였지요.
망부	사람 되라고 공부시켰더니 풍각쟁이가 돼? 내 얼굴에 똥칠하고 가문 망신 시키려고 작정한 게지.
풍운	시대가 변했습니다. 성공해서 많은 사람들 사랑 받았습니다.
망부	썩을 놈. 봉분도 비석도 없이 이런 섬에 나를 눕히다니. 이놈아. 패륜은 하늘도 용서치 않을 거야.
풍운	전 이미 벌을 받고 있습니다. 당신이 저지른 전비 때문에 어둠의 터널에 갇혀 헤어날 방법이 없습니다.

망부	이놈. 살아있을 땐 말 한마디 못 하던 놈이 애비 죽었다고 함부로 지껄이는구나. 난 열심히 일한 죄밖에 없어. 그 많은 상장과 훈장을 못 봤느냐?
풍운	많은 사람 목숨을 담보로 얻은 죄악의 증거일 뿐이지요.
망부	난 사람 죽인 적 없다.
풍운	뻔뻔스럽군요. 죄 없는 사람 고문하다 죽이고, 모욕해서 자살하게 만들고, 조작해서 감방 보내고, 불리하면 청부해서 죽이고. 그렇게 억울한 죽음이 얼만데. 그게 사람이 할 짓이었습니까?
망부	난 조직을 위해서 나라를 위해서 최선을 다했을 뿐이야.
풍운	착한 어머니 병신 만드신 것도 나라를 위해서였습니까?
망부	이런… 그건 우연한 사고였다.
풍운	당신의 폭력으로 그리 된 게 우연이란 말입니까? 손바닥으로 해가 가려집니까? 가증스럽습니다.
망부	너 지금 애비한테 따지는 거냐? 사람 되라고 매 좀 들었더니 그게 그렇게 억울하고 분하단 말이지?
풍운	어머닌 그걸 사랑의 매라 생각하라고 했지요. 그렇게 믿었습니다. 당신이 살해되기 전까지는. 아니, 추악한 과거를 알기 전까지는 말입니다.
망부	불효막심한 놈. 비명횡사한 애비 잘 죽었다고 박수 치는 거지?
풍운	업보이옵니다. 당신 눈에는 마귀의 그림자가 보이지 않았습니까?
망부	썩을 놈. 애비가 설령 대역 죄인이어도 옹호는 못 하고.
풍운	그래서 괴롭습니다. 제가 떳떳할 수 없어서. 당신의 죗값을 대신할 수 없어서.

망부	미친놈. 그렇게 괴로우면 머리 깎고 절에 들어가든지. 차라리 죽어서 나랑 말동무하자.
풍운	그게 길이라면 그렇게 해야겠지요.
망부	정신 차려, 이놈아. 난 죽었어. 언제까지 구천을 헤매게 놔둘 거냐? 천륜을 저버린 놈. 저승에서도 날 볼 생각 마라. (사라진다)

암전.

무대 밝으면 미명의 새벽.
운동복 차림의 윤주 나오다 소파에 기대어 자고 있는 풍운을 보고 조심스럽게 다가간다.
가면을 벗은 흉측스런 모습을 보고 놀라 눈물을 흘리는데 풍운 벌떡 일어난다.

풍운	누구야?
윤주	(눈물 닦으며 얼떨결에) 안녕하세요?
풍운	(얼굴을 만져보고 고개를 돌리며 일어선다) 아 이런!
윤주	(태연하게 다가서며) 괜찮아요. 숨길 것 없어요.
풍운	(방으로 움직이며) 내 가면.
윤주	있는 그대로가 좋아요. 존경과 사랑의 힘은 허물을 덮고도 남으니까요.
풍운	(그제야 윤주의 차림새를 보고) 어디 가려고? 혹시 배 도착할 시간이 되었소?
윤주	운동하려고요. 잠자리가 낯설어선지 악몽만 꾸고. 몸이 찌뿌등하네요.

풍운   허락 없이 이 섬을 나갈 생각은 말아요.

윤주   멀리서 바라만 보고도 좋았는데. 그런 당신과 함께 있는 행운을 왜 내팽개치겠어요.

풍운   첫배 타고 나를 잡으러 사람들이 올 거요.

윤주   어머. 무슨 사정 있나요?

풍운   정신병원에 집어넣으려는 거지. (낄낄거린다) 내가 미쳤다고. 으흐흐흐.

윤주   (안쓰러워서) 잘 나가던 찰스 리가 어쩌다 이 모양이 된 거죠? 영화제작을 펑크 내더니, 마약사범으로 구속되고. 그 이후 종적을 감췄어요. 소문만 무성했죠. 외국으로 도피했느니 마약하다 죽었느니. 하지만 난 당신이 어딘가 살아있을 거라 믿었어요.

풍운   어떻게 날 찾아냈소?

윤주   작가적 상상력이죠. 당신이 피살된 한태석 씨 아들인 것에 놀랐어요. 모든 게 부친의 죽음에서 시작된 걸 알았지요. 헌데 한태석 씨 시신이 병원 안치실에서 사라졌어요. 장례도 치르지 않은 채 말이죠. 무엇 때문에 왜 어디로 사라졌을까? 추리를 했죠. 가계를 조사하다 당신의 출생 비밀도 알게 됐고, 소설의 주인공은 충분히 되겠다 생각했어요.

풍운   (씁쓸하게 웃으며) 그런 3류 소설 주인공이 되고 싶진 않소. 한 인간의 진실을 그렇게 값싸게 매도할 생각 아예 집어치워요.

윤주   한풍운 씨.

풍운   (버럭) 그런 이름으로 날 경멸하지 마시오.

윤주   찰스 리. 이 섬은 당신 모친의 고향이라는 걸 알았어요. 그리고 당신은 이복형제들보다 착하니까, 부친 제사는 지낼 거라는 확신이 섰죠.

풍운   그런 건 경찰이 알아서 할 일이지. 당신이 나설 일 아니잖소?

윤주   (당황하며) 왜 나서냐구요? 한태석 때문에 우리 부모가 억울
        하게 죽었으니까요. 그리고 한태석을 죽이고 감옥 가 있는
        이범구가 제 오빠예요.

풍운   이런 감사라도 드려야 하나? 명예와 권위의 가면 뒤에 숨겨
        진 더러운 야수의 얼굴을 보게 해주었으니. 부끄럽소. 결코
        대중 앞에 설 수도 없고 서서도 안 된다고 결심했지.

윤주   아니요. 당신의 고통을 이해해요. 그걸 이겨내고 당신은 다
        시 돌아와야 해요.

풍운   바람의 언덕에서 고심하는 걸 봤소. 그래, 날 어떻게 할 생
        각이요?

윤주   모르겠어요. (고개를 좌우로 흔들며) 당신의 얼굴을 보는 순
        간 내 마음은 다 허물어졌어요. 당신은 모든 걸 버렸으니까
        요. 배우에게 얼굴은 생명줄인데… 꼭 이렇게까지 해야만 했
        나요?

풍운   얼굴이야 수술하면 되지만 뼛속까지 전이된 된 분노는 어쩌
        란 말이요? 내가 부친을 받아들이지 못하는데 어찌 사람들
        한테 용서를 구하겠소.

윤주   시신을 돌려드려요. 그래야 당신이 벗어날 수 있어요.

풍운   절대 그렇게 못 해. 당신이 뭔데 그 따위 소리야?

멀리서 뱃고동 소리 들린다.
풍운 긴장하다 방으로 뛰어 들어가서 삽을 들고 나와 밖으로 나간다.
윤주 걱정스런 얼굴로 풍운의 뒷모습만 바라본다.
바람 소리 거세다.

암전.

밝아지면 휴게실 소파에 모친이 앉아 있다.
그녀는 뚱뚱한 몸을 온갖 화려한 장신구로 치장했다.
그녀는 다리를 전다.
짱이 커피를 타 가지고 들어온다.

모친   아이고, 머리야. 배가 어찌나 요동을 치던지. 이렇게 배멀미
        할 줄 알았으면 헬기를 띄우는 건데. 아이고, 죽겠다.

짱   폭풍주의보가 내렸어요. 이거 드시면 좀 나으실 겁니다.

모친   (커피를 받아들고 향을 음미하고 찡그린 후) 이 싸구려 커피를
        나보고 마시라는 거야?

짱   그거 브라질 산 최고급 원두커핍니다. 사모님.

모친   그래? (한 모금 마신 후 탁자에 놓으며 주변을 살펴본다.) 이런
        누추한 곳에서 우리 운이가 지냈단 말이야? 그런데 얘는 뭐
        해? 엄마가 왔는데 내다보지도 않고.

짱   (남자 룸 앞에 서서 노크를 한다. 아무 기척이 없자 문을 열어
        안을 살피고 나서 문을 닫으며) 외출하셨나 봐요.

모친   오라, 산소에 간 모양이구나. 오늘이 선친 기일이거든. 제물
        을 이것저것 준비해 오느라 애 썼는데.

윤주   (나오며) 안녕하세요? 찰스 리 엄마시죠?

모친   누구…지?

짱   (아는 척) 아 우리 집 투숙객인 작가예요.

윤주   저 찰스 리 팬이에요.

짱   (놀라며) 그 사람이 영화배우 찰스 리였어요?

윤주   그럼요. 유명한 가수이기도 하죠.

짱	아! 나도 좋아하는데. 아드님이 참 자랑스럽겠어요.
모친	암. 나라의 보물이지.
짱	헌데 며칠 묵으실 거죠?
모친	제사만 지내면 바로 떠날 거요.
짱	주의보 내려서 배 안 뜨는데요? 아마도 며칠 걸릴걸요?
모친	그럼 나보고 이런 마굿간 같은 데서 지내라는 거야?
짱	마굿간요?
모친	이런 불결한 곳에선 잠을 못자요. 119에 전화해서 당장 헬기 보내라고 해요.
짱	글쎄. 이런 날씨엔 헬기도 뜨지 못 한다구요.
모친	당신이 소방서장이야? 위급한 환자 생겼다고 당장 연락해요.
짱	정 그러시다면 전화는 해 보죠. (고개를 갸웃거리며 나간다)
윤주	잠깐 앉아도 될까요?
모친	여긴 어떻게 왔지?
윤주	(앉으며) 전 찰스 리 흠모하는 팬이에요. 찰스 리를 알고 싶어요.
모친	알아서 뭐하게. (윤주를 살피며) 보아하니 우리 찰스 리 스타일도 아니고, 우리 집안하고는 어림도 없어.
윤주	(자존심이 상하나) 저 그런 생각 없어요.
모친	이제 우리 운이는 사람들 앞에 나서지 않을 거야. 병이 나으면 나랑 같이 사업 할 거야.
윤주	저도 한풍운 씨 도와드리려는 거예요.
모친	우리 운이 자극하지 말고 좀 내버려 둬. 그 앤 좀 쉬어야 해. 그간 너무 피곤하게 일했어.
윤주	그랬지요. 영화 촬영에, 음반 취입에, 공연 일로 쉴 틈이 없었죠. 게다가 부친 돌아가신 충격이 너무 컸겠지요?

모친   컸지. 그렇게 존경했던 부친인데. 제정신인 게 오히려 이상한 거지.

현관 도어 벨이 울리면서 풍운 들어온다.
그의 전신은 흙이 잔뜩 묻었고 유골함을 들었다.
일행 놀란다.
바람이 거세다.

풍운   어머니 오셨어요?

모친   (일어서며) 운아, 꼴이 그게 뭐야?

풍운   (주변을 살피며) 그 자식들은 어디 있어?

모친   엄마만 먼저 왔다.

풍운   어떻게 눈치 챘지? 어머니 그놈들이 오기 전에 어서 이 섬을 빠져 나가요.

모친   운아. 이젠 형들한테 돌려주고 좀 쉬자.

풍운   허공을 헤매는 저 영혼들에게 아버지는 용서를 빌고 구원을 받아야 해.

모친   운아, 너 도대체 왜 이러는 거니? 의사 형이 말하는데 그거 고칠 수 있대.

풍운   어머니. 난 미치지 않았어. 괴로워서 그래. 견딜 수가 없어서.

모친   (절뚝이며 다가간다) 이젠 다 끝난 일이야. 그거 이리 다오.

풍운   (유골함을 건네며) 어머니, 죽었다고 다 끝난 게 아니잖아. 어머니가 당한 수모 벌써 잊은 거야? 그 몸에 난 상처들은 어쩌고. 매 맞으며 보낸 젊은 세월이 억울하지도 않아?

모친   (소매로 눈가를 닦으며) 운이야, 난 괜찮아. 다 지난 일이야. 그만하면 됐다. 배 들어오면 형들이랑 병원에서 사람들이 올 거다. 순순히 말 들어. 널 위해서 내가 다 얘기했다.

윤주　찰스 리. 어머니 말이 맞아요. 먼저 용서해야 마음이 편해져요.

풍운　당신이 뭘 안다고 나서는 거야? 어머니는 내가 태어나기 전부터 폭력에 시달렸어. 임신했다고 때리고, 지우지 않는다고 배를 걷어차고 출산하는 날 어머닐 감금하고 집에 불을 지른 놈이야. 해산 도우러 외할머니가 오지 않았다면 우린 이미 죽은 목숨이었어. 때리다 부러뜨린 몽둥이가 몇 개나 되는지 알아? 팔다리가 나가고, 갈비뼈가 부러지고, 머리통이 터지고, 병원에서 지샌 날이 얼마나 되는지 아냐구? 숨어 살면 어떻게든 찾아내서 두들겨 팼지. 우린 살려고 이 악물었어. 군대 갔다 와 보니 어머닌 얼마나 맞았으면… 다리병신이 되어 있었어.

모친　(눈물을 흘리며) 어쩌란 말이냐. 죽어 없어졌는데.

풍운　그는 악마야. 그는 죽지 않았어. 가슴속에 들어와 날 마구 흔들고 있다고.

윤주　당신에겐 약속된 미래가 있잖아요. 당신의 삶을 살아요. 예전처럼 힘든 사람들에게 희망을 말해 주세요. 그게 당신의 존재 이유고 진정한 복수 아닌가요?

풍운　진즉에 없앴어야 했는데 어머니가 그랬잖아요. 일 년만 두었다가 제사나 지내고 없애자고.

모친　모두 내 탓이다. 널 낳은 것도 잘못이고. 진즉 죽지 못한 것도 한이다.

풍운　어머니, 바람의 언덕에 낙조가 일품이에요. 큰바람이 불고나면 노을이 더 찬란하게 퍼져요. 난 새처럼 날면서 저 가루를 뿌릴 거예요.

짱   (들어오며) 헬기가 출발했대요. 누군가 예약을 해 놓았더라
        구요. (사이) 분위기가 왜 이래요?

모친   형들이 오나 보다. 이걸 어쩌지?

풍운   어머니, 그들 손에 저걸 넘겨줄 순 없어.

헬리콥터의 프로펠러 소리 멀리서 들린다.

짱   오나 봐요. (밖으로 나간다)

풍운   어머니, 뒷문으로 나가요. 대나무 숲을 가로지르면 바람의
        언덕이 나와요. 어서 가요. (바삐 움직이는데)

윤주   (갑자기 총을 꺼내 겨누며) 다들 꼼짝 말아요.

풍운   당신이…?

윤주   한풍운 씨. 당신을 시신 탈취범으로 체포합니다. (다가가 풍
        운의 손에 수갑을 채운다)

풍운   (체념한 듯) 휴대폰이 울리고 반장님이라는 이름이 뜨더군.

윤주   속인 거 미안해요. 저도 고민 많이 했어요. 하지만 공무 수
        행 상 어쩔 수 없어요. 내 휴대폰 어딨어요?

풍운   주머니에.

윤주   손 올려요.

윤주, 풍운의 주머니를 뒤지는 사이,
모친과 풍운 눈이 마주친다.
모친 유골함을 들고 나가려 한다.

윤주   (알아채고) 거기서요. (총을 꺼내려 한다)

풍운   (수갑 찬 두 팔을 내려 윤주를 껴안는다.) 제발 모른 체 해줘요.

윤주   이거 공무집행방해죄라는 거 아시죠? (몸부림치며) 이거 놔
       요. 비켜서라구요.
풍운   당신을 놓으면 악마가 살아나요. 제발.
윤주   (포기한 듯) 이러면 나는….
모친   난 살 만큼 살았다. 이 짐승한텐 한 뼘의 땅도 아까워. 내가
       안고 갈 테니 운아, 넌 다 잊고 다시 일어서거라. 찰스 리,
       한풍운 파이팅. (절뚝거리며 이동한다)
풍운   (눈물을 흘린다) 어머니.
윤주   (풍운에 기대며) 차라리 이게 꿈이었으면….

       헬리콥터 프로펠러 소리 점점 크게 들린다.
       풍운과 윤주는 껴안은 상태로 미동도 않는다.
       유리창 밖으로 노을이 아름답게 빛난다.

       막.

§ 창작뮤지컬 §

산지포 연가

❖ 등장인물

김만덕
이도원　　순무어사
김만재　　만덕의 오빠
고정생　　만재의 아내
을순　　　객주집 하녀
장쇠　　　객주집 하인
상인 1, 2　육지 상인
벨뒤포　　벨뒤포 객주
사또
형방
그 외 포졸들, 아귀들, 기녀들, 동네 사람들

❖ 뮤직넘버

1. 환영의 노래 (코러스)

2. 술 먹고 웃음 팔고 (듀엣)

3. 장사는 아무나 하나 (듀엣)

4. 하늘이 돕는구나 (듀엣)

5. 용연의 푸른 달밤 (솔로)

6. 이별이 서러운 줄은 (솔로)

7. 산지포 객주 (코러스)

8. 우리는 장사꾼 (코러스)

9. 우리 객주는 죄가 없어 (코러스)

10. 장사의 원칙 (솔로)

11. 억울합니다 (솔로)

12. 무정한 임이여 (솔로)

13. 배고파 밥 좀 주소 (코러스)

14. 피도 눈물도 없는 (솔로)

15. 돈에 굶주린 아귀 (솔로)

16. 내가 무슨 죄인 (솔로)

17. 설문대 할망의 은총 (듀엣)

18. 이제야 알았습니다 (솔로, 코러스)

19. 쌀 받으시오 (코러스)

20. 은광연세 (코러스)

제 1 막

§

제 1 장

주제가 '은광연세' 흐르면서 객석 불이 꺼지고 막이 열린다.

기방의 앞마당.

기녀들이 나와 노래 부른다.

    1. 환영의 노래 (기녀들 코러스)

    안녕하세요, 어서 오세요, 만나서 반가워요

    오늘도 힘든 하루 휴식은 달콤하게

    세상만사 싹 다 잊고 이 밤을 즐겨요

    술 마시고 노래해요 신나게 흔들어요

기녀들 사라지면,

만재 씩씩거리며 마당으로 들어온다.

장쇠, 난처한 표정으로 따라 들어온다.

만재	당장 이리 나와. 만덕!
장쇠	손님이 계시는데 이러시면 안 됩니다. 나으리.
만재	(안을 향해) 만덕이 썩 이리 나오너라. 냉큼 이리 나오지 못할까?
만덕	(나오며) 아니 오라버니, 기별도 없이 어찌 왕림하셨습니까?
만재	(돈 꾸러미를 내던지며) 이런 걸 누가 보내라고 했느냐?

만덕	아니 왜 이러십니까?
만재	날 업신여겨도 유만부동이지.
만덕	업신여기다니요? 어머니 기일에 제수 비용 보탠 것이 무슨 잘못이옵니까?
만재	일 없다. 냉수 한 그릇 떠놓고 제사 드릴지언정 웃음 팔고 몸판 더러운 돈으로 어찌 제수를 마련한단 말이냐?
만덕	(놀라며) 오라버니?

장쇠, 퇴장한다.

2. 술 먹고 웃음 팔고 (만재, 만덕 듀엣)

(만재) 지하에 계신 부모님이 울고 계신다

(만덕) 오라버닌 운이 좋아 양인 집에 기숙했지

(만재) 술 먹고 웃음 파는 네 모습 부끄러워

(만덕) 의지할 곳 없는 이내 몸은 퇴기가 양어머니

(만재) 지하에 계신 부모님 한탄하신다

(만덕) 분수 모른 철없는 때 기적에 이름 올라

(만재) 아무리 힘들어도 굶어 죽어도

(만덕) 팔자에 없는 기녀 생활 나도 싫소

(만재) 인간의 체신은 목숨과도 같은 것

(만덕) 술 먹고 웃음 파는 팔자 어찌 하오

(만재) 술 먹고 웃음 파는 네 모습 창피해

만재	앞으론 오라비라 부르지도 말고 부모님 제삿날 찾지도 말아라.
만덕	오라버니 너무 하십니다. 저는 이 짓이 좋아서 하는 줄 아십니까?

만재	인간의 근본을 아는 양인 출신이 기녀라니? 창피해서 얼굴을 들고 다닐 수가 없다.
만덕	죽도록 애원해도 기적에 오른 이름 지울 수 없다는데 어떡합니까?
만재	네가 선택한 일이니, 네가 알아서 해라. (나간다)
만덕	어쩌란 말입니까. 저보고 어쩌라고.

만덕 속상한 듯 쓰러져 운다.
몰래 등장하여 상황을 파악한 도원이 다가서서,
만덕을 뒤에서 슬며시 감싸 안아 일으킨다.

도원	만덕아. 내 다 들었다.
만덕	(눈물을 닦으며) 억울합니다. 어사님. 정말 어찌하면 좋습니까?
도원	신분을 되찾을 방도를 생각해 보마. 헌데, 기방에서 나가면 뭐하며 살 거지?
만덕	전 장사하겠습니다.
도원	(이외의 말에 놀란 듯) 장사? 만덕이 네가 장사를 한다고?
만덕	예. 전 돈을 벌겠습니다.
도원	아녀자의 몸으로 어찌 장사를 한단 말이냐?
만덕	아녀자라고 못 할 게 뭡니까? 제 부친은 육지를 왕래하던 장사꾼이었습니다. 전 어려서부터 그 모습을 보며 자랐습니다.

3. 장사는 아무나 하나 (도원, 만덕 듀엣)
(도원) 장사는 아무나 하는 게 아니지
(만덕) 아녀자라고 못할 게 무엇니까?
(도원) 장사란 사람의 마음을 헤아리는 일

(만덕) 장사가 힘으로 하는 일도 아니고
(도원) 장사란 인간의 마음을 잘 읽어야 하고
(만덕) 사람을 상대하는 건 자신 있어요
(도원) 장사란 물자의 흐름을 잘 알아야 해
(만덕) 아녀자라 못 할 게 뭐 있나요
(함께) 장사란 사람의 마음을 읽는 것
장사란 물자의 흐름을 읽는 것
장사는 힘들어 장사는 어려워

만덕   아무리 어려워도 저는 할 수 있습니다.

도원   헌데, 돈은 벌어 무엇 하려느냐?

만덕   약 한 첩 못 쓰고 돌아가신 어머닐 생각하면 아직도 가슴이
저려옵니다. 불쌍하고 굶주린 사람들 도울 겁니다.

도원   뜻이 가상하구나. 네 능력과 솜씨라면 능히 큰 장사꾼이 될
수 있을게다.

만덕   어사님이 곁에서 도와주신다면 능히 제 꿈을 이룰 수 있을
겁니다.

도원   아무렴. 제주에 내려와 너를 만난 건 행운이다.

만덕   비천한 소첩을 그렇게 생각해주시니 고맙습니다. 소첩도
나으릴 통하여 넓은 세상 이야길 들을 수 있어 무척 행복합
니다.

도원   만덕이가 사내로 태어났으면 과거에 급제하고 큰 인물이 될
수 있었을 텐데. 세상 잘못 만났어.

만덕   제가 사내로 태어났다면 나으릴 못 만났겠지요.

도원   생각해 보니 그렇구나.

만덕   아버지한테도 육지 이야기 많이 들었습니다. 그 중에도 금강산이 그렇게 아름답다고 하더군요.

도원   금강산이 좋다지만 나도 가 보질 못했어.

만덕   섬을 나갈 수만 있다면 제일 먼저 가보고 싶은 곳이옵니다.

도원   뜻이 있는 곳에 길이 있다고 하였은 즉 그댄 우리 함께 가자꾸나.

만덕   참말이옵니까?

도원   사내가 한 입으로 두 말 하겠느냐? 만덕인 이미 내 사랑인걸.

만덕   (도원에게 안기며) 서방님! (사이) 이렇게 서방님 품에 안겨 있으니 이미 금강산에 온 것 같습니다.

도원   그런 날이 꼭 오겠지. 섬을 떠날 수 있는 날이 꼭 와야 되고 말고.

이때, 을순 눈치 없이 들어온다.

을순   언니. (못 볼 것을 본 것처럼 두 눈을 가리고) 어머, 어머. 난 못 봤어요.

도원   (포옹을 풀고 웃으며) 허어, 녀석도.

을순   정말로 쬐끔 밖에 안 봤다니까요.

만덕   기척이라도 하고 들어오지. 그렇게 들이대면 어떡하니?

을순   급해서 그렇지요. 시급을 요한대요.

만덕   누가 생명이라도 위중하대냐?

을순   이젠 점쟁이 다되셨네. 맞아요. 언니. 빨리 판관 나으리 댁으로 오시래요.

만덕   지금 손님을 뫼시고 계신데?

을순   그게 아니고, 판관 댁 며느님께서 해산하시려나 봐요.

만덕	그럼 산파를 찾아야지 어찌 나를 부르나?
을순	산파가 친정에 가고 없대요. 진통이 시작되고 양수가 터져서 산모가 위험한가 봐요.
도원	판관 댁이라면 잘 되었구나. 가 보아라.
만덕	서방님, 무엇이 잘 되었다는 말씀이옵니까?

4. 하늘이 돕는구나 (도원, 만덕 듀엣)
(도원) 판관은 법적인 권한을 쥐고 있는 분
네 소원 이룰 수 있는 절호의 기회
(만덕) 정말 제 소원이 이루어질까요?
(도원) 기적에서 벗어날 하늘이 내린 기회
판관은 이치에 맞게 판단하시는 분
(만덕) 아 하늘이 저를 돕는군요
(도원) 양인 신분 되찾는 건 그분의 권한
억울한 설움 씻을 기회 왔구나
(함께) 하늘이 돕는구나, 양인으로 거듭나길
저기 저기서 먹장구름 걷히고 태양이 나온다
어두움 물리치고 세상 길 밝혀주리
거듭나는 새로운 인생길 축복하리

암전.

제 2 장

용연. 달빛 좋은 밤 뱃놀이.

달이 뜬 가운데 뒤쪽 무대에 무희들, 음악에 맞춰 흥겨운 춤을 춘다.
은은한 음악이 흐르는 가운데 만덕과 도원을 태운 배가 밀려들어온다.

    5. 용연의 푸른 달밤 (만덕 솔로)
    호젓한 밤하늘 달은 어이 휘영청 밝아서
    물 위에 흔들리는 달빛 내 마음은 왜 흔드나
    청룡이 떠난 그 자리 자취마저 애잔한데
    하 많은 선비들이 풍류따라 놀던 자리
    배 띄우니 옛이야기 은은하게 밀려오고
    용연의 달빛에 내 마음은 두둥실 떠가네

도원	물결도 잔잔하고 달빛마저 교교한데 곁에 있어도 오늘따라 네가 그립구나.
만덕	서방님, 아까부터 안색이 안 좋으신데 무슨 걱정이라도 있사옵니까?
도원	걱정? 만덕이 네겐 아주 좋은 소식이지.
만덕	궁금하옵니다. 어서 말씀해 주십시오.
도원	만덕아, 드디어 네 소원이 이루어졌다.
만덕	예? 무슨 말씀이옵니까?
도원	양인의 신분을 되찾게 되었단 말이다.
만덕	(놀라며) 그게 참말이옵니까?
도원	암. 판관이 결제하였고 목사께서 승인하셨다.
만덕	(안기며) 고맙습니다. 서방님. 다 서방님이 애써 주신 덕분입니다. 이 은혜 정말 잊지 않겠습니다. 정말 고맙습니다. (눈물을 흘린다)

도원	(눈물을 닦아주며) 아니다. 여자의 몸으로 불쌍한 이웃들을 돌보겠다는 가상한 뜻을 산 거야. 기녀가 양인이 된다는 것은 일찍이 유례가 없는 일이라 많이 고심하셨지.
만덕	그간 목사님 바뀔 때마다 얼마나 간청 드렸다구요? 고맙습니다. 어사님.
도원	(패물 상자를 건네며) 자 이건 선물이다.
만덕	이게 무엇이옵니까?
도원	만덕이의 새 출발을 축하하는 축의금이라 생각해라.
만덕	(열어서 확인하며) 어머! 이런 귀한 것을.
도원	선자께서 남기신 패물이다. 이 다음에 며느리 생기면 주신다고 아끼시던 물건인데, 네가 그 물건의 임자다.
만덕	그렇다면 소첩은 받을 수 없습니다. (옥비녀를 들고) 전 요 옥비녀 하나만 취할 터이니 도로 거두십시오.
도원	네가 그처럼 꿈꾸던 자유를 되찾았는데, 장사하려면 밑천도 있어야 할 것 아니냐? 내 방법을 일러주마. 우선 산지 포구에 객주를 마련하거라. 네 수완이면 육지 상인들을 끌어들이고도 남을 거다. 거기서 장사치들의 장사법을 차근차근 배워라.
만덕	고맙습니다. 이 종자돈을 키워 반드시 몇 배로 돌려 드리겠습니다. 서방님은 곁에서 지켜만 봐 주십시오.
도원	(한숨 쉬며) 그래야지. 내 언제 어디 있어도 만덕이를 잊을순 없을게다. 돈 많이 벌어 좋은 일 많이 하거라.
만덕	아니 서방님, 갑자기 웬 시름 섞인 말씀이십니까?
도원	나라의 녹을 먹는 몸이 어찌 한곳에 머물러 있기를 바라겠느냐?
만덕	하오면, 발령이 나신 겁니까? 정녕 섬을 뜨시는 거냐구요?
도원	그래. 당장 한양으로 올라오라는 사령장을 받았다.

만덕   서방님. 소첩을 놀리시려는 농이옵지요?

도원   나도 정녕 이게 꿈이었으면 좋겠다.

만덕   믿을 수가 없습니다. 믿지 않겠습니다.

도원   승진하여 상경하는 것이니 슬퍼할 일만은 아니지 않느냐?

만덕   서방님의 승진은 마땅히 감축드려야 할 일이오나 그것이 우리를 갈라놓는 빌미가 되었으니 어찌 기뻐할 수 있겠습니까?

도원   허어. 세상이 바뀌어 아녀자의 출륙이 허락된다면 즉시 한양으로 불러올릴 터인 즉 섭섭하게만 생각 말아라.

만덕   어느 하 세월에 법이 바뀔 기다린단 말입니까? 소첩이 쭈구렁 할망구가 되어도 그런 세상은 아니 올 겁니다. 말이나 소도 왕래가 자유로운데. 아녀잔 가축만큼도 못한 족속입니다. 도로 물리십시오. 서방님이 떠나지 않는다면 관기로 일생을 마쳐도 좋습니다. 전 죽더라도 서방님 곁에서 죽을 겁니다.

도원   만덕아, 진주는 바다에서 나는 법. 이 섬은 육지 물자가 오가는 길목이니 네 꿈을 펼치기엔 적당한 곳이야.

만덕   앞으로 어찌 살아야 할지 눈앞이 캄캄하옵니다. 눈앞에서 멀어지면 마음도 멀어진다는데, 보고 싶어도 볼 수 없는 수륙천리 망망대해를 어찌해야 합니까?

도원   내 기회 닿는 대로 서찰을 보내마.

만덕   싫사옵니다. 다시 돌아오신다고 약조하여 주시지 않으면 전 헤엄쳐서라도 서방님을 따라갈 겁니다.

6. 이별이 서러운 줄은 (만덕 솔로)
이별이 서러운 줄은 진즉에 알았어도
이별이 내 일인줄 꿈에라도 몰랐었네

다시 만날 기약 없이 떠나는 임아
저 바다가 야속하고 무정하구나

이별이 서러운 줄은 진즉에 알았어도
이별이 내 일인줄 꿈에서도 몰랐었네
보고 싶어도 볼 수 없는 사랑하는 임아
이 몸이 돌이 되기 전 돌아오소서

만덕의 얼굴에 눈물이 흐른다.
노래가 무르익을 즈음.
암전.

제 3 장

몇 년 후.
산지 포구에 자리 잡은 객주집.

7. 산지포 객주 (일동 코러스)
우리의 꿈과 낭만이 머무는 곳, 산지포 객주
거친 파도 넘고 바람 타고 흘러든 섬
우리를 기다리는 쉼터가 있네, 산지포 객주
막걸리 한 사발에 흥정이 시작되고
막걸리 두 사발에 거래가 끝이 나네
우정과 사랑이 머무는 곳, 산지포 객주
우리의 꿈과 낭만이 머무는 곳, 산지포 객주

평상 위에 손님들이 앉아 술을 마시고 있다.

상인들이 짐을 지고 들어온다.

정생   (안에서 나오며) 어서 오세요. 주무시고 가시게요?

상인 2   그려. 가는 날이 장날이라고 날씨가 징하요이?

상인 1   내 말이 그 말이여. 햇볕 나더니만 금세 빗방울 치질 않나?
          이러다 배는 뜰런가 모르겠소이?

상인 2   글씨 말이여.

정생   저녁 드실 거죠? 몸국 맛이 기가 막혀요.

상인 2   저녁은 무슨? 탁배기나 한 병 주소.

정생   예. 잠깐만 기다리세요. (나가다가 술을 마시는 만재의 등을
          치며) 대낮부터 무신 술이여? 아 작작 마시고 손님 받아요.

만재   이 여편네가? 날씨가 궂어서 한잔 먹는데 무슨 잔소리야?

정생   (빈정대며) 날 좋다고 한 잔, 비 온다고 한 잔. 참 핑계 좋다.

만재   에구, 여자가 어찌 사내 속을 알것냐?

정생   알긴 제 분수나 알어. 이 속알머리 없는 화상아. 손님 그냥
          내보낼 거여?

만재   알았어. (일어서 상인에게 가며) 물건은 많이 파셨소?

상인 1   팔기는 젠장. 뱃삯도 못 건지게 생겼수다.

상인 2   재수 없는 놈은 뒤로 자빠져도 코가 깨진다고, 젠장 이곳 제
          주 섬에서는 도통 재미를 못 본단 말일씨.

만재   세월이 창창한데 무슨 걱정이십니까? 장사는 다 때가 있는
          법이죠. 처음 뵈는 분들인 것 같은데, 어디서 오셨소?

상인 1   전라도 강진 이랑께?

만재   강진요? 저도 가봤습니다. 어릴 때 부친 따라 진도 해남 강
          진은 한번 구경한 적이 있습지요.

상인 2	허어 그라요? 나가 해남인디?
만재	(악수를 청하며) 반갑습니다. 앞으로도 저희 객주 자주 이용해 주십시오.
상인 1	어매? 저희 객주? 어허 시방 우리가 속아서 일로 왔남?
상인 2	그라게? 이 집 주인장은 처녀라고 들었는디?
만재	맞아요. 처녀 맞습니다. 저는 심부름하는 오래빕니다.
상인 1	헌디, 손님이 왔는디 주인은 어째 코빼기도 안 비추는가?
만재	마실 갔는데 금방 돌아올 겁니다.
상인 2	객주가 겁나게 장사 잘한다고 전라도 천지에 소문이 쫙 나불었어.
상인 1	그려. 게다가 기생 출신이라믄서? 아 우리 같은 사람이 어디 기생 얼굴 구경하기가 쉬운가?
만재	기생이라니요? 원래 양인 출생인데, 그런 말 아예 마십시오. 큰일 납니다.
상인 1	아무려면 어떻소? 돈만 많이 벌믄 되지. 안 그라고라?
상인 2	암 돈이 장땡이지. 돈이면 양반도 사는데.
만재	조심하십시오. 잔꾀 부리다 우리 만덕이한테 당한 사람 한둘 아니니까요. 마침 저기 들어오네요. (일어서며 마중한다)
상인 1	소문대로 역시 걷는 폼새부텀 다르당께?
정생	(술상을 들고나와) 자 맛있게 드세요.

상인 1, 2 술상을 마주하고 술을 마신다.
지게를 진 장쇠와 물건을 든 을순을 앞세우고 만덕이 밖에서 들어온다.

만재	수고했다. 어때 물은 좋은가?

만덕	예. 좋은 물건 건졌어요. (장쇠에게) 수고했다. 을순아 산지 물에다 한 번 더 씻고 볕 좋은데 말리도록 해라.
을순	예. (장쇠 지게 물건 내리는 걸 돕는다)
만덕	장쇠는 도둑 맞지 않게 감시 잘하고.
장쇠	(물건을 내려놓으며) 예. 내 도둑놈을 꼭 잡고 말겠습니다.
만덕	열 사람이 한 도둑 못 잡는다 했다. 잃어버리지 않도록 간수나 잘해.
장쇠	알았습니다.
만덕	(정생에게) 언니, 애들 시장할 텐데 상 차려 주세요.
정생	예. (부엌으로 들어간다)
만재	(전복을 보며) 굵고 때깔 좋은 상등급이구만?
만덕	예. 참 말총과 양태는 어찌 되었어요?
만재	그게 도시 종잡을 수 있어야 말이지. 가격이 들쭉날쭉이고, 값 오르기만 기다리는지 매물이 없어.
만덕	당장에 사려니까 어려운 거죠. 차라리 질 좋은 망아지 골라 선금 먹이세요.
만재	그러자면 자금이 많이 필요한데?
만덕	장사가 어디 자기 자본만 갖고 하나요? 물주 찾아볼 테니까 오라버닌 물건이나 잘 고르세요.
만재	그래. 난 시킨 대로만 하마.
만덕	하이구 냄새. 또 대낮부터 약주하셨어요.
만재	(시치미 떼고 나가며) 비가 그쳤으니 약초밭이나 돌아보고 와야겠다.
상인 1	거 여기도 신경 좀 쓰랑께?
상인 2	탁배기 한 병 더.
만덕	예. (부엌에 대고) 을순아, 탁배기 한 병.

을순	(소리만) 예. 알았어요.
만덕	(가까이 오며) 저희 객주에선 처음 뵙는 분들이신데. 무슨 물건들 가지고 다니십니까?
상인 1	어따 왜 보따리 검사할 일 있우?
상인 2	왜? 방세 없을까 봐 그러시우?
상인 1	육지 상인들은 공짜로 재워준다던데 헛소문이었나?
만덕	맞습니다만 저희와 거래하시는 분만 숙식이 공짭니다. 제가 손님들 돈 벌게 해드리려고 그러지요?
상인 1	돈을 벌게 해줘?
상인 2	아니 돈 버는 수가 따로 있단 말인가?

을순, 술을 놓고 나간다.

만덕	을순아 아까 들고 온 물건 있지. 그거 하나만 가져오너라.
을순	예.
만덕	(술병을 들고) 자 제가 한 잔 올릴 터이니 받으시면서 얘기를 들으세요.
상인 1	(술을 받으며) 그려. 보기보담 나긋나긋 하구만이라.
상인 2	(술잔을 내밀며) 누구는 입이고 누구는 주둥인가? 여기도 한 잔 따르소.
만덕	(따르며) 예. 받으십시오. 헌데 무얼 팔러 다니십니까?

8. 우리는 장사꾼 (상인들 코러스)
(상인, 비단을 펼치며)
우리는 비단 장사 곱고 예쁜 비단을 팔지
들어는 봤나, 때깔 좋고 보드라운 청나라 비단

만덕   그럼요. 잘 알지요. 내가 사지요.

        (상인) 물건을 볼 줄 아네, 오늘 임자 만났어

        이런 비단 아무나 살 수 없지, 청나라 비단

만덕   (물건을 보며) 헌데 물건이 비에 젖었네요.

        (상인) 젖은 건 말리면 되고 주름진 건 다리면 되지

        준치는 썩어도 준치 청나라 비단 띵호아

만덕   그래도 상품에 하자 있으면 제 값 못 받죠. 장사 한두 번

        해요?

        (상인) 산 넘고 바다 건너 외국에서 온 귀한 물건

        밑지고 팔순 없어, 먹고 살려는 장사

        밑지고 팔 순 없어, 우리는 장사꾼

만덕   흥정은 해봐야죠? 손해 안 나게 할 테니 걱정 마세요.

상인 1   얼마나 쓰실라고?

만덕   물건이 괜찮으면 가진 것 전부를 살 겁니다.

상인 2   듣던대로 배포가 크구만이라.

        을순, 녹용 하나를 들고 온다.

을순   여기 있어요.

만덕   이게 뭔지 아시겠습니까?

상인 2   우릴 바보로 아슈? 이거 녹용 아니오?

만덕   맞습니다. 제주에서 나는 아주 귀한 물건이지요. 허나 전 육
        지에 나갈 수가 없으니, 저 대신 장사해 주신다면 구전은 톡
        톡히 드리지요.

상인 1	이건 사대부들이 좋아하는 진귀한 약잰디. 이런 걸 많이 구할 수 있소?
을순	그럼요. 헌데 우리 언니를 통하지 않으면 구하기 힘들걸요? 녹용뿐 인줄 아세요?
만덕	(막으며) 을순아. 넌 네 일이나 하여라.
을순	아이고 요 주댕이. 죄송합니다. (들어간다)
상인 2	우리가 할 일이 녹용 파는 일이요?
만덕	(고개를 저으며) 그것만이 아닙니다. 말총과 전복, 약초도 있습니다. 말총 없으면 갓을 만들 수 없고, 전복은 부잣집이나 관가의 손님 접대상에 오르는 비싼 물건이옵지요. 그러니 사대부집 찾아다니면서 그 수요를 파악하시면 구전을 드리지요.
상인 1	우리도 장사꾼인데 심부름만 하고 구전이나 먹을 수 있소?
상인 2	그러지라이. 그지 말고 우리 동업하는 게 어떻소?
만덕	형제간에도 의 갈리는 게 동업입니다.
상인 1	아니 우릴 믿지 못하겠단 말이여?
만덕	믿지 못하는 것은 손님들도 마찬가지지요? 이러면 어떻습니까? 제주에서 필요한 물품을 손님들이 구해 오시고, 대신 제주에서 나는 물건은 저하고만 거래하시는 겁니다.
상인 2	그거 좋소. 난 당장 물건을 육지로 갖고 가겠소. 어디 물건 좀 봅시다.
만덕	현금은 가지고 계신 거죠?
상인 2	당장 돈이 어디 있겠소? 외상으로 주시오.
만덕	외상 거래는 하지 않습니다. 저도 다 현금 주고 사 오거든요. 형편에 맞게 가져가세요. 그리고 쌀을 구해 오세요. 구해 오는 대로 제가 전량 구입하겠습니다.

상인 2	거 젊은 처자가 수십 년 장사한 우리보다 낫구만.
상인 1	좋수다, 우리 한 번 거래 터 봅시다.
상인 1	자 그런 의미에서 우리 건배하잔께. (술을 권하며) 객주도 한 잔 받으시오.
만덕	(받으며) 고맙습니다.
상인 1	건배.
일동	건배.

술을 마시는데, 벨뒤포 객주 들어온다.

벨뒤포	여보시오. 주인장 나 좀 봅시다.
만덕	제가 주인입니다만 무슨 일이십니까?
벨뒤포	무슨 일이라니? 장사하려면 정정당당하게 해야지, 공짜라니? 다른 객주들은 어떻게 먹고살라고 이따위 짓이오?
만덕	이보세요, 장사란 능력과 수완대로 하는 거 아닙니까? 공짜로 밥 주든, 돈 주든 그건 내 마음이죠? 안 그렇습니까? 손님들?
상인 1	그럼, 우리야 공짜면 좋지.
상인 2	암 선택은 우리 꼴리는대로 허는 거지. 거기도 공짜로 하면 될 것 아뇨?
상인 1	공짜래도 하루 묵으면 다 여기로 옮길걸?
상인 2	맞아. 어느 집 음식은 반찬인지 소탠지 너무 짜.
상인 1	기왕 왔으니, 이 집 음식 맛 좀 보고 가쇼. 얼마나 정갈하고 맛있는지.
벨뒤포	이 양반들이 누굴 엿 먹이나? 당신들이나 처먹으시오.
상인 2	뭐라고라? 처먹으라고라? 우리가 도야진가?

상인 1   (말리며) 아따. 놔둬. 반찬이 싱거운께 소금 쳐먹으란 소리겠지. 눈치 본께 이판사판 시비 걸러 왔구만.

벨뒤포   흥. 이 사람들아 정신 차려. 당신들 여우한테 홀리는 거야. 껍데기 벗길 거라구. 몸판 돈으로 객주 만들어, 웃음으로 홀려 간 내먹으려는 수작인 걸 몰라?

만덕   (꾹 참으며) 용무가 끝나셨으면 그만 돌아가세요.

상인 2   남이사 탁배기 잔에 목간을 하건 말건 무슨 상관이랴?

상인 1   그라게?

벨뒤포   두고 봐. 곧 난리가 터질 테니. 이제 장사는 끝장이야. 개작살난다구.

만덕   (감정이 폭발해서) 말이 지나치십니다. 당신이 내 몸 파는 거 본 적 있어요? 돈이 아무리 더럽다지만 난 여태 남을 속이거나 더럽게 장사한 적 없습니다. 장사는 사람의 마음을 움직이는 겁니다. 날 여자라고 얕본다면 당신은 절대 날 이길 수가 없어요. 아시겠어요?

형방과 포졸들이 들이닥친다.

형방   김만덕. 오라를 받아라. 여봐라. 뭣들 하느냐? 주인을 묶고 장부 일체를 압수하여라.

포졸들 집 안으로 들어가자
안에서 정생, 을순, 장쇠가 모두 밖으로 나온다.

정생   하이고 이게 무슨 일입니까?

만덕	(포졸들이 포박을 하려 하자) 가만! 내가 죄를 지었다면 내 발로 걸어가 벌 받을 것이다. 죄상이 뭐요?
형방	죄상은 관아에 가서 따져라.
만덕	(다시 묶으려 하자 포졸에게) 네 이놈. 어디다 감히 손을 대려 하느냐? 내 발로 간다.
형방	그래? 그럼 순순히 내 뒤를 따라 오너라.
정생	아가씨.
을순	언니.
만덕	난 절대 벌 받을 짓 한 적 없으니 안심하고 하던 일들 하세요. 곧 돌아올게요.

형방 앞장서면 만덕이 그 뒤를 따르고 포졸들 뒤따라간다.
일동 걱정스러운 듯 뒷모습을 보며 노래한다.

    9. 우리 객주는 죄가 없어 (일동 코러스)
    우리 객주는 죄가 없어, 아는 사람 모두 알아
    세상 사람 모두 알지, 산지 객주 양심 객주
    손님 몰리는 집엔 특별한 이유 있지
    장사 잘되는 집엔 나름의 이유 있어
    사돈이 논을 사면 배 아픈 게 사돈 마음
    우리 객주 죄가 없어, 아는 사람 모두 알아

    암전.

제 4 장

밝아지면 목관아 앞.

사또와 관속들이 서 있고, 앞에 만덕이 앉아 있다.

그 옆에 벨뒤포 객주와 만재가 서 있다.

사또　　소장에 의하면 첫째, 물건을 제멋대로 금지 먹여 다른 상인들의 장사를 방해했다는데 사실이냐?

만덕　　전 그런 적 없습니다.

벨뒤포　거짓말입니다. 저년이 전복값을 터무니없이 비싸게 구입하는 바람에 전복값이 금값이 되었습니다.

만덕　　한겨울 해녀들의 노고를 생각하면, 계절에 따라 전복값이 달라지는 건 당연한 이치 아닙니까?

벨뒤포　그럼 우린 바닷물 먹고 살어? 동업잘 죽이려는 계략이지?

만덕　　장사란 이윤 남기려는 것 아닙니까? 열 냥짜리 물건을 열두 냥에 사서 때를 기다려 열닷 냥에 파는 게 뭐가 잘못됐습니까?

벨뒤포　이런 사기꾼 같으니라고.

사또　　그만하시오. 이번 건은 김만덕이 승이오. 그러면 둘째, 빌린 배가 육지로 떠났다가 좌초한 사실이 있느냐?

만덕　　예.

사또　　아무리 돈 주고 배를 빌렸다지만, 화물 과적 때문에 그리됐다는데, 선주에게 아무런 보상이 없었다면서?

만덕　　하오나, 그건 아직 끝난 문제가 아닙니다. 저도 그 일 때문에 막대한 피해를 입었습니다만, 배는 건조 중에 있습니다.

사또　　그럼 새 배를 만들어 돌려준단 말이냐?

| 만덕 | 배를 공동으로 운영하여 이익금을 반으로 나누겠습니다. 서로 사업하다 입은 손해이니 공동 책임은 져야지요. |
| 사또 | 그럼 이것도 문제가 되지 않는군. |

10. 장사의 원칙 (만덕 솔로)

장사에도 상도덕 있고 원칙이 있소
나에게도 세 가지 원칙이 있지요, 내 장사의 원칙
(첫째) 이익을 적게 남기되 많이 팔 것
(둘째) 적정한 가격으로 매매할 것
(셋째) 정직한 신용 본위가 영업 방침이죠
언제 누구에게 매매했는지 장부도 쓰죠
상도덕과 장사 원칙을 어긴 일 없소

사또	여봐라. 형방. 장부 점검은 어찌 되었느냐?
형방	예. 호방에서 지금 조사 중이니 금방 밝혀질 겁니다. (들어간다)
만재	사또 나으리. 만덕이가 설령 잘못했다 해도 이건 너무 합니다. 관아에서 구하지 못하는 물건 육지에서 조달하여 준 사람이 누굽니까?
사또	그건 자네 말이 맞네만. 그렇다고 큰 허물을 덮을 수는 없지. 만덕의 말을 들어보니 피눈물 없는 사람 같지는 않은데, 어째 부자의 차림새가 그런가?
만덕	껍데기로 사람을 판단하지 마십시오. 전 허튼데 돈 안 쓰려고 치장 안 한 것뿐입니다. 저라고 맛있는 것, 좋은 옷 모르겠습니까? 하지만 저는 제 방식대로 삽니다.
사또	(혼잣소리로) 예삿 여자가 아니구만.

236

만재	(객주를 보고) 저 사람이 우리 만덕이를 시기하여 모함한 겁니다. 무고죄로 잡아넣어야 해요.
벨뒤포	허어, 적반하장이라더니 죄인이 무슨 말이 많아? 가만있어. 세금 떼어먹은 게 다 들통 날 테니까.
만덕	나쁜 사람. 아무리 장사가 천한 직업이라고 하지만 죄 없는 사람 모함한 죄 용서받지 못할 거요.
사또	(들어오는 형방을 보고) 그래 어찌 됐느냐?
형방	예. 장부를 아무리 뒤져봐도 탈세의 흔적은 찾을 수가 없다고 합니다.
벨뒤포	그럴 리 없어요. 조작된 걸 왜 못 찾아냅니까? 정직하게 장사하면 어떻게 돈 벌 수 있습니까? 세금 내고 나면 남는 게 뭐 있다고. 다 짜고 하는 엉터리 조삽니다.
사또	여봐라. 저놈을 무고죄에 공무집행방해죄로 당장 하옥시켜라.
포졸들	예이, 분부 거행이요.
벨뒤포	난 억울합니다. 저들도 한 패예요. 저년 뇌물 안 먹은 향리 없다구요.

포졸들, 벨뒤포 객주를 끌고 간다.
'우리 객주 죄가 없어' 노래 이어지며.
암전.

제 5 장

산지포 객주.

대문 밖에서 상인 2 머리를 내밀어 집안을 살피고 아무도 없음을 확인한 후,

살며시 들어와 부엌으로 들어간다.

잠시 후, 장쇠가 집 뒤에서 하품하며 나온다.

장쇠　　이놈의 도둑들이 설치니 밤잠을 제대로 잘 수 있어야지. (다시 기지개를 켜고, 몸을 긁으며) 아이고 졸려. 어째 자도 자도 졸리냐? 어이쿠, 장작을 패야 하는데 해 넘어가겠네.

장쇠 어슬렁거리며 집 뒤로 들어간다.

상인 2, 밥과 찬이 담긴 차롱을 허리춤에다 묶고,

입 안 가득 밥을 우물거리면서 부엌에서 나와 곳간으로 들어간다.

장쇠, 장작을 안고 나와 노래를 흥얼거리며 장작을 포개는데,

정생과 을순 밖에서 들어온다

을순　　장쇠, 너 그럴 수 있니?

장쇠　　뭐가?

을순　　넌 쫓겨나도 싸. 에구 멍충이. 난 몰라. (부엌으로 들어간다)

정생　　장쇠. 나 좀 보자. (자리를 옮겨 평상 있는 쪽으로 간다)

장쇠　　(어슬렁거리며 다가온다)

정생　　너 을순이 좋아허냐?

장쇠　　(머리를 긁적이며) 히히히. 다 알면서….

정생　　그런데 을순이 마음이 많이 상했다.

장쇠　　도대체 뭔 일로 그런대요?

정생　　추석도 다가오고 해서 아가씨가 우리 식구들 집에 선물 돌리라 해서 너희 어머니를 만나고 왔다.

장쇠	고맙습니다요.
정생	칠순을 넘기셨는데도 정정하시더구나.
장쇠	그럼요. 아직도 아침 물질을 하셔야 조반을 드시는걸요. 백 살까지는 거뜬히 사실 겁니다요. 흐흐흐.
정생	헌데, 요전번에 도둑 들어 패물들이 없어진 것 알지?
장쇠	예. 제 잘못입니다요.
정생	헌데, 모친이 옥비녀를 꼈던데 어디서 난 거지?
장쇠	지난달 칠순 잔치 때 그간 모은 세경으로 큰맘 먹고 사다 드린 겁니다.
정생	그걸 어디서 구했느냔 말야?
장쇠	육지 상인한테 구했지요. 헌데, 지금 날 의심하는 겁니까?
정생	의심 안 하게 생겼니? 그게 아가씨 것이 틀림없는데.
장쇠	허참, 제가 마님 물건 넘보다니 말이나 됩니까?
정생	그럼 그 옥비녀가 어떻게 된 건지 말 하라구.
장쇠	그 상인에게 물어보면 오해가 풀릴 겁니다요.
정생	그 상인 어딨어? 당장 찾아와.
장쇠	장돌뱅이를 당장 어디서 찾습니까?

을순, 부엌에서 나온다.
상인 2 쌀자루를 짊어지고 나오다가 을순의 소리에 놀라 다시 곳간
으로 들어간다.

을순	(나오며) 언니. 장쇠 아주 경을 쳐야겠어요. 저녁으로 남겨놓은 밥을 깡그리 해치웠지 뭡니까? 족히 세 사발은 넘을 밥을요.
정생	아가씨가 거짓말을 제일 싫어하는 거 장쇠 너도 알지?

| 장쇠 | 압니다요. 허나 전 모릅니다요? 점심 잔뜩 먹었는데 밥 세 사발이라니요? 제가 쉽니까? |
| 을순 | 그럼 밥에 발이 달려서 가출했단 말이냐? |

11. 억울합니다 (장쇠 솔로)

(장쇠) 이것 참 억울하고 답답하네

배 째여 보일 수도 없고, 아이고 억울해

| 을순 | 흥, 상전 물건 도둑질하는 마당에 그깟 밥이야 아무 것도 아니지. |

(장쇠) 아이고. 정말 미치고 환장하겠네

증거 나오면 나 칼을 물고 죽겠소

| 을순 | 이 등신아 왜 그런 짓을 해? 네 어머니 옥비녀가 증건데 |

(장쇠) 이것 참 분통 터지네, 내가 바본가?

금방 들통날 짓을 내가 왜 하냐구?

| 정생 | 그렇다면, 우리가 잘못 본 거로구나. 세상에는 같은 물건이 많아. |
| 을순 | 아녜요. 서방님한테 받으신 거라구 자랑하실 때 두 눈으로 똑똑히 봤다니까요? |

(장쇠) 아이고 참말, 억울해서 돌아버리겠네

하이고, 억울하고, 원통해, 으허허허

정생	그만두자. 아가씨가 알면 경을 칠일이니. 범인을 잡을 때까진 비밀로 하마. 가서 찾아와라. 팔도 천지를 뒤져서라도 찾아와. 찾아올 때까지 밥 먹을 생각 마라.
장쇠	(억울한 듯 꺼이꺼이 운다) 하이고. 어유.
을순	사내자식이 왜 질질 짜? 밥 못 먹어서?

장쇠	누명 쓴 게 하도 억울해. 진심을 아무도 믿어주지 않는 세상이 서러워. 으이잉.
정생	어휴. 답답해. 쌀이 얼마나 남았지? (곳간으로 간다)
을순	장쇠야, 못난 짓 그만하고 어서 나가서 도둑놈 잡아 와. 마님이 아시기 전에. 어서.
장쇠	알았어. 하던 일마저 하고.

장쇠는 장작을 패려고 도끼를 든다.
'도둑이야, 저 놈 잡아라'는 정생의 소리와 함께,
쌀자루를 진 상인 2 마당으로 뛰쳐나온다.
장쇠, 도끼를 들고 내리칠 기세로 상인 2 앞을 막아선다.
상인 2, 도끼를 든 장쇠를 보고 체념하며 무릎을 꿇는다.

상인 2	아이구, 잘못했다. (뻔뻔하게) 히히히. 장쇠, 날세. 배가 고픈께로. 그냥 한 번만 눈감아 줘. (허리춤에 매단 차롱을 풀며) 히히, 밥 여기 있지롱.
장쇠	이 사람입니다요. 맞지? 당신이 나한테 옥비녀 팔았잖아?
상인 2	이 사람. 괜히 덤탱이 씌우지 마. 옥비녀가 어떠코롬 생겼당가?
장쇠	정말 이럴 거야. 어디 보자. (하면서 주머니를 뒤진다)
상인 2	어허 잠깐. 이러면 안 되지. 필요한 물건이 있으면 말로 해. 자 어떤 걸 살래? (노리개와 진주목걸이 등이 나온다)
정생	그거 다 어디서 났소?
상인 2	팔라고 갖고 댕기는 건디, 뭣 땀시 그런다요? 하나 쓰실라우?
정생	그렇게 비싼 물건을 갖고 다니는 사람이 도둑질을 해?
상인 2	어허. 밥 몇 숟갈 먹었다고 도둑으로 모십니까요? 이거 너

무 사람 우습게 보지 마소. 나도 이것만 팔면 새장가 들 수 있소.

장쇠   내가 도둑놈으로 몰렸는데 바른말 못 해?

상인 2   그럼, 너 살릴라구 내가 도둑놈 되리? 이거 생사람 잡지 마.

장쇠   이런 뻔뻔스런 놈.

      형방과 포졸이 들어온다.

을순   박 비장 나으리 잘 오셨어요. 아주 된통 걸렸다.

상인 2   (재빨리 패물을 주머니에 집어넣으며) 내가 뭘? 증거 있어?

형방   무슨 일입니까?

정생   (맞으며) 어서 오세요. 그렇잖아도 송사문제로 이 사람 데리고 관아에 갈 참이었습니다.

상인 2   (능청맞게) 형방 나으리. 그간 안녕하셨지라이?

형방   (상인 2를 보고) 아니 이놈은 일전에 풀려난 돌석이 아닌가.

상인 2   맞습니다요, 나으리, 전 억울합니다요. 배가 고파 밥 몇 숟갈 훔쳐 먹은 것도 죄가 됩니까요?

정생   그럼 이 쌀자룬 뭔가? 이것도 당신이 들고 온 거라 우길 건가?

상인 2   (시치미를 떼고) 쌀자루가 왜 여기 있는지 내가 어떠코롬 안다요? 난 그거 모릉깨, 생사람 잡지 마소.

장쇠   이놈 안 되겠습니다요. 차라리 이놈 죽이고 제가 옥살이 하겠습니다요. (도끼를 든다) 그래, 너 죽고 나 죽자.

을순   (말리며) 장쇠야.

장쇠   말리지 마. 너 죽고 나 죽자.

상인 2   (피하며 사또에게) 아이고 나으리, 선량한 백성 죽는디 구경 왔소? 포졸들 뭐 한다요? 후딱 좀 말리랑께?

장쇠	(포졸들 위협하며) 가까이 오지 마시오. 이놈 죽인 다음에 날 묶어 가시오.
형방	(상황을 알아차리고 상인에게) 제 버릇 개 못 준다더니, 잘 되었군. 너 오늘 임자 만났다. 포졸들 뒤로 돌아 실시!
포졸들	(차려 자세를 하며) 명령복종. 즉각 시행하겠습니다. 뒤로 돌아! (뒤로 돌아서서) 열중쉬어.
상인 2	오메. 징허네. 백성의 목숨 보호할 책임 있는 관리들이 이래도 되는 거여? 나도 세금 좆 빠지게 낸 백성이여. 보호받을 권리 있단 말일시?
형방	우리는 보호할 가치가 있는 생명만 보호한다.
장쇠	(다가서며) 목 이리 내. 이놈아.
상인 2	(체념한 듯) 제기랄. 세상이 개판이니 모두 쥐약 먹었군. 알았어. 알았당께. 내가 잘못했어.
장쇠	도둑놈 주제에 꼬박꼬박 반말이네? (내리칠 기세로) 이걸 콱.
상인 2	(팔을 들어막으며) 어허 이러지 말더라고.
장쇠	(흉내내며) 말더라고?
상인 2	그랑께 조선말은 끝까지 들어봐야 한당께. 끝까지 잘 듣소이? 이러지 말더라고요.
장쇠	옥비녀 나한테 팔았지?
상인 2	어매? 난 시방 쌀 훔친 거 인정한 건디?
장쇠	이놈이 목숨 내놓고 장난치나? (다시 도끼를 들며) 나 참을성 시험하냐?
상인 2	아따 잠깐. 왜 성질이 급할까이. 나 다 말험세. 제가 깁니다요. 나가 장쇠한테 팔았소. 헌디 하도 배가 고파서 쬐깨 양심 전당포에 맡긴 게 큰 죄당가요?

형방	이놈아 네가 무슨 죄가 있겠냐? 손모가지와 주둥이가 죄지. 고것만 잘라 불자.
상인 2	뭐라고라? 시방 나 육신 갖고 장난쳐요?
형방	이놈이. 내가 지 친군줄 아나? 여봐라! 이놈 무얼 숨겼는지 뒤져라.
포졸들	예. (달려들어 상인의 발을 잡고 거꾸로 매단다. 패물이 쏟아진다)
장쇠	거 봐요? 나가 아니라니까.
정생	의심해 미안하구나.
을순	하지만, 언니 물건은 맞잖아?
장쇠	어무니한테 말씀드려 돌려 드리겠습니다. 그리고 을순이 너 너무 그러지마.
을순	난 널 믿었어. 그럼 장쇠가 누군데. 미안해. 이따 부엌으로 와. 내 누룽지 줄게. 알았지?
장쇠	(금세 풀어져) 누룽지? 흐흐흐 알았어.
형방	(상인 2에게) 햐 이놈. 상습범이구만. 이 패물들 다 어디서 난 거냐?
상인 2	그건 내가 육지서 가지고 온 물건이랑께.
형방	(진주목걸이를 보더니) 가만, 이거 어디서 많이 보던 물건인데? (이리저리 살펴보며) 어? 이건 내 마누라가 차고 다니던 목걸이 아냐? 너 이거 어디서 훔쳤어?
상인 2	훔치다뇨? 육지서 구해 온 물건입니다요.
형방	이거 안 되겠구만. (장쇠에게) 그 도끼 나 좀 빌려주게. 당장에 머리통을 박살내버리게.
상인 2	아이고 형방 나으리. 잘못했습니다. 목숨만 살려주십시오.
형방	이놈. 아무리 막가는 세상이라지만 형방 사저를 털어? 안 되

겠다. 여봐라. 이놈 관가로 끌고 가라. 내 이놈 간이 얼마나 부었는지 배를 째 봐야겠다.

상인 2   하이고, 잘못 했단께요. 다신 안 그럴겐게. 한 번만 봐 주소.

포졸들, 상인 2를 오랏줄로 묶고 데리고 간다.
만덕이 들어온다.

만덕   무슨 일인가?

장쇠   도둑을 잡았습니다요. 저놈 닦달하면 잃어버린 물건을 찾을 수 있을 겁니다요.

만덕   그래? 수고했구나.

형방   마침 잘 오셨소. 내 편지 심부름 왔는데, (소매에서 편지를 꺼내 주며) 이것 받으소.

만덕   이게 뭡니까?

형방   인편에 부쳐왔는데, 한양에 아는 사람 있소?

만덕   한양이라면? 예 있지요.

정생   아가씨. 서방님한테서 이제 기별이 온 거예요?

만덕   그런 모양입니다. 고맙습니다. 들어와 막걸리라도 한잔하고 가시지요?

형방   지금은 공무 중이라서?

만덕   그럼 이따 퇴청 후에 들리세요. 심부름 값 후하게 낼 테니.

형방   그려. (나간다)

뿔고동 소리 들린다.
배경에 거대한 상선의 실루엣 보인다.

정생	왔다. 왔어요. 아가씨도 들었죠?
을순	뿔고동 소리. 우리 배가 도착한 모양이에요.
정생	그래. 어서 가 보자.

일동 나간다.
만덕, 조심스럽게 편지를 품에 안았다가 펼쳐본다.
편지를 읽는 손이 떨린다.
이내 얼굴이 사색이 되며, 털썩 평상에 주저앉는다.

12. 무정한 임이여 (만덕 솔로)
달이 지면 오시려나 꽃이 피면 오시겠지
꿈속에서도 기다리고 기다리던 임
어이하여 소식 없이 애만 태우더니
외롭게 병마와 싸우시다 그 먼길을
다시 못 올 그 길로 기어코 떠나시다니
야속한 임이여 나는 어찌 살라고
무정한 임이여 나는 어찌 살라고

만덕	(눈물을 거두고 술을 부어 마당에 뿌리며) 잘 가십시오. 서방님 가시는 마지막 길에 술 한 잔 올리지도 못하고. 죄송합니다. 내 걱정 말고 하늘나라에 서 편히 쉬십시오.

다시 뿔고동 소리.
잠시 후 만재와 정생 들어온다.
만덕 감정을 추스르고 눈물을 훔친다.

만재	만덕아. 배가 도착했다.
만덕	(심드렁하게) 그래요? 손님들은 언니가 받으세요. 전 오늘 취하고 싶어요. 을순아, 술상 봐 오너라.
을순	예. (부엌으로 들어간다)
만재	만덕아 우리 배라니까? 주문한 배가 방금 도착했단 말이다. 우렁찬 뿔고동 소리 못 들었어?
정생	아가씨, 어서 가 봐요. 아주 크고 멋져요.
만재	이젠 우리가 직접 육지로 물건을 수송할 수 있게 됐어. 큰 이득을 남길 수 있게 됐단 말이다. 물건을 한 배 가득 실으면, 재화가 한 배 가득 들어오는 거야.
만덕	(멍하니) 기쁜 일이죠.
정생	얼마나 경사스런 일이에요? 용왕님께 고사도 지내야죠.
만재	만덕아, 배 구경하고 싶지 않아?
만덕	오라버니, 들어온 배가 어디 가겠습니까? 놔두세요. 천천히 구경할게요.
만재	무슨 일이 있어?
만덕	아무 일도 아니에요. 사람이 살다보면 다 겪는 일이죠.
을순	(술상을 가지고 들어오며) 배가 정말 멋져요.
정생	이젠 육지놈들 농간에 안 놀아나도 되니 얼마나 좋아요?
을순	그럼요. 돈을 삼태기로 퍼 나르겠네요.
만재	그것뿐인 줄 아니? 마음만 먹으면 일본으로 서인도로 마음껏 다닐 수도 있지. 여보 우리 칠성이 크면 뱃놈을 만듭시다. 사내대장부는 너른 세상에서 놀아야지.
장생	암요. 그래야지요.
만덕	남자들은 좋겠네요. 마음대로 나다닐 수 있으니. (술잔에 술을 따르며) 좋은 일이죠. 오라버니도 한잔 들고, 언니도 한잔

만재	(걱정스러운 듯이) 만덕아?
만덕	좋아서 그래요. 서방님 기별도 오고 너무 좋아서 눈물이 다 나오네요. 자, 마셔요. (갑자기 미친 사람처럼 낄낄대며 웃는다) 하하하하. 아참. 우리 배 구경 가요. 모두 깨워서 횃불을 들고 바다로 가요. 어서 가요. 우리 서방님이 배를 몰고 오신 거예요. 서방님이 왔다구요. 제가 가요. 만덕이가 가요. 조금만 기다려요. 저도 갈 거예요. 서방님, 같이 가요. (버선 발로 뛰쳐나간다) 서방님.
을순	언니 (뒤따라가다, 되돌아와서 만덕의 신발을 들고 다시 나간다) 언니 맨발로 가면 어떡해요. 언니.
장쇠	을순아, 같이 가.
만재	취했군. 취했어. 그래. 오늘 같은 날 맘껏 취해야지. 칠성이 어멈 이리 와. (정생의 입에 술을 부어 넣으며) 마셔. 취하도록 마시자구.

들고, 을순이도 모두 밤새 취해 보자구요. 자 마셔요. (술잔을 단숨에 비운다)

정생, 술에 체한 듯 캑캑거리고,
그 꼴을 본 만재 우스워 죽겠다는 듯 깔깔거리며 마당을 휘저어 다니는데
음악이 흐르면서,
암전.

제 2 막

§

제 1 장

몇 십 년의 세월이 흘렀다.

만덕은 제주의 상권을 거머쥔 거상이 되었다.

객주는 낡았지만, 세월의 더께만큼 고색창연한 멋을 간직하고 있다.

갑인년. 흉년이 들어 굶어죽는 자가 속출한다.

막이 오르면 음산한 음악이 흐르면서,

거리엔 실루엣으로 신음하는 사람들이 보인다.

기대어 앉거나 드러누운 채 미동도 않는 사람들.

죽은 사람을 무릎에 안고 정신이 나간 듯 멍하니 하늘만 쳐다보는 사람들.

들것을 들고 와 시체를 떠메고 가는 사람들 모습이 보인다.

신음 소리와 함께 '배고파', '살려 줘', '먹을 거 좀 줘요' 하는 소리가 복합적으로

에코가 되어 무대를 메운다.

> 13. 배고파 밥 좀 주소 (걸인들의 코러스)
> 살다 살다 이런 흉년 처음 보네
> 흉년 흉년 이런 보리 흉년 처음이야
> 목피 벗겨 죽을 쓰고 솔잎 씹어 연명이라
> 이제 곧 죽더라도 밥 한술 먹었으면

살다 살다 이런 흉년 처음 보네
흉년 흉년 이런 보리 흉년 처음이야
쓰러지면 황천인데 힘도 없고 가물가물
배고파 죽겠소, 밥 좀 줍쇼, 적선합쇼

암전.

제 2 장

산지포 객주.
을순과 정생이 평상에 앉아 있다.

정생   참 큰일이야. 거리엔 온통 굶어 죽은 시체가 나둥글고. 흉
        년, 흉년 해도 나 머리털 나고 이런 보리 흉년은 처음 보는
        구만.

을순   빨리 구호미가 와야 할 텐데. 사람 목숨이 하루살이에요.

정생   그나저나 며칠을 큰바람이 불었는데, 우리 뱃사람들은 괜찮
        을까?

을순   그럼요. 이력이 얼만데요? 이젠 일등 사공들 다됐잖아요.

정생   하지만 우리 칠성이가 배 타고 나가면 난 잠을 못 자. 간밤
        에도 뒤숭숭한 꿈만 꾸고.

을순   그래도, 언니는 아들이 여럿 있잖아요? 아들 있는 사람 부러
        워 죽겠어요. 우리 장쇠는 힘이 없는 건지. 그저 딸, 딸, 딸
        딸딸이 엄마니.

정생	그것도 팔자지. 딸이 재산 밑천이야. 이 다음에 애들 물질하
	게 되면 돈 많이 벌어서 좋지.
을순	에그 쇠로 못나면 여자로 태어난다는데. 제 먹을 것은 찾을
	런지.
정생	이 난리에 밥 얻어먹는 것만도 복인 줄 알어.
을순	그래요. 다 만덕 언니 덕이죠.
정생	아니, 저 사람이 왜?

벨뒤포 객주, 거지꼴이 되어 들어온다.

벨뒤포	(힘이 없는 소리로) 여보세요. 나 좀 살려 주소. (말을 마치자
	풀썩 쓰러진다)
을순	(달려가 상태를 살피며) 여보세요? 정신 차리세요. (하다가 정
	체를 알아보고) 어머나, 누군가 했더니?
정생	(다가서며) 아는 사람이야?
을순	벨뒤포 객주 같아요.
정생	(살피며) 맞네. 맞어. 헌데, 무슨 염치로?

만덕, 안에서 나온다.
만덕은 거부가 되었지만 옷차림은 여전히 검소하다.
나이가 들어 반백이 되었지만 곱게 늙어가는 형상이다.

만덕	무슨 일이냐?
을순	글쎄, 갑자기 들어와서는 피식 쓰러지지 뭡니까?
만덕	그러게 문은 항상 잠그라고 않더냐?

정생   아가씨, 칠성 애비 나가고 문 잠그는 걸 깜빡했어요. 죄송
             해요.

벨뒤포   (간신히 일어나며) 나으리, 머… 먹을 거 좀 주시오. 이… 일
             주일을 굶었소.

만덕   (객주를 찬찬히 보고) 이 사람, 벨뒤포 객주 아니냐?

을순   맞습니다. 옛날에 행패부리고 우릴 관가에 무고했던 벨뒤포
             객주 맞습니다요. 헌데 벼룩도 낯짝이 있지 여길 어떻게 기
             어 들어와.

벨뒤포   제발 한 번만 살려 주십시오. 굶어 죽게 생겼습니다. 제발
             먹을 것 좀 주시오. 식구들이 오늘 낼 하고 있습니다.

을순   옛날 우리 해코지하던 일은 잊어버렸소?

벨뒤포   일은 무슨 일 말입니까?

만덕   세상에 먹을 게 없으니 염치도 삶아 먹었구만?

벨뒤포   잘못했습니다. 한 번만 살려주시면 종노릇이라도 하겠습니
             다. 제발 죽이라도 써 먹게 쌀 한 바가지만 적선합쇼.

만덕   굶는 사람들이 한둘이라야지. 소문나면 몰려들 텐데. 난 못
             하오.

벨뒤포   곳간에 잔뜩 쌓여 있는 곡식. 좀 나눠 먹자는데. 당신은 피
             눈물도 없소?

만덕   따지는 걸 보니 아직 덜 고팠구만. 난 주민들 먹여 살릴 권
             한 없소. 관아로 가서 사또한테 매달리시오. 어서 끌어내고,
             문 걸어 잠가라.

을순   예. (객주를 붙잡고) 어서 나가요.

벨뒤포   (만덕을 붙잡고) 제발 목숨 좀 살려 달라고.

정생   (떼어놓으며) 아니, 이 사람이 어디서 행패야. 저리 비켜!

벨뒤포   당장 죽어도 좋으니, 밥이라도 배불리 먹어보고 죽읍시다. 네?

252

정생	아가씨. 하던 행실은 밉지만, 밥 한 사발 먹이고 보내지요?
만덕	(단호하게) 안 됩니다. 이런 사람한테는 쌀 한 톨도 아까워요. 을순아 뭐 하느냐?
을순	예. 알았습니다. (객주의 팔을 붙잡고) 자 갑시다. 나가자니까요?
벨뒤포	(뿌리치며 악다구니를 친다) 이거 놔!

14. 피도 눈물도 없는 (벨뒤포 솔로)

피도 눈물도 없는 돈밖에 모르는 구두쇠야
굶어 죽은 시체가 네 눈에는 안 보이냐
곳간에 가득가득 쌀가마니 쌓아 두면서
눈 막고 귀 막으면 잠자리는 편안하더냐

피도 눈물도 없는 돈밖에 모르는 돈벌레야
사방천지 신음 소리 네 귀에는 안 들리냐
저승 갈 때 이고 갈 식량이라 모아 두나
혼자서 삼시세끼 잘 처먹으면 영화롭더냐

벨뒤포	에이, 더러운 화냥년아. 우리 다 죽거든 혼자 잘 처먹고 잘 살아라. (나간다)
만덕	흥! 너희들이 돈 귀한 걸 알어? 을순아 문 닫아걸고 곳간을 잘 지키도록 해. 그게 어떻게 모은 재산인데.
을순	예. 에이 재수 없어 소금 뿌려야겠네.
만덕	소금은 돈 아니냐? 허튼 데 낭비할 생각 마라.
을순	예. (나가며 혼잣소리로) 에구, 짜기는…
만덕	어디 가?
을순	장쇠 찾으려고요. 점심도 거르면서 어디서 뭘 하는지?

만덕	장정을 구해 경비 세우고 도둑을 막으라고 해.
을순	예. (나간다)

바람이 세차게 분다.

정생, 하늘만 바라보며 멍하니 서 있다.

만덕	(정생에게) 언니, 무슨 걱정 있으세요?
정생	아니에요. 날씨가 심상치 않아서. 간밤에도 바람이 무섭게 불던데.
만덕	나도 꿈자리가 뒤숭숭해 잠을 설쳤어요.
정생	무슨 일이 생긴 건 아닐까요? 와도 벌써 와야 할 배가.
만덕	십여 년을 다녀도 아무 일 없었잖아요? 이제 그만 하면 물때와 날씨에 도통했을 테니 걱정 마세요. 칠성인 일등 가는 뱃사람이잖아요?
정생	지금까진 아무 일 없었지만, 부모 마음이 어디 그런가요?
만덕	칠성이 아빠는 어디 가셨어요?
정생	배가 오는 걸 보겠다고 사라봉에 올라갔어요. 좀 나갔다 올게요.

정생 황급히 나간다.

잠시 후, 을순이 장쇠를 부축하며 들어온다.

장쇠는 머리를 헝겊으로 감쌌다.

뒤를 따라 사또와 포졸이 들어온다.

장쇠	아이고, 머리야.
을순	하이고, 딸딸이 아부지.

장쇠	아이고, 죽겠다.
만덕	사또 나으리, 이 무슨 일입니까?
사또	동네 사람들이 돌팔매질한 모양입니다.
만덕	장쇠야, 네가 무슨 짓을 한 게야?
장쇠	무슨 짓이라니요. 죄라면 때 굶지 않는 부잣집 하인인 게 죄입지요.
만덕	다들 미쳐가는구나.
사또	사람들이 며칠씩 굶으니, 제정신이 아닙니다. 손에 든 것도 빼앗아 먹고, 고개만 돌리면 훔쳐 가니. 이대로 가다간 아주 폭동이 일어날 지경입니다.
만덕	한양에 구호미를 요청했다면서요?
사또	사실은 그 문제 때문 왔습니다. 쌀 실은 배들이 간밤 돌풍에 전부 좌초 됐지 뭡니까?
만덕	저런. 제주 바다를 너무 우습게 생각했구만요?
사또	하루에도 수십 명씩 송장 치르는 판인데. 바다 형편 살필 겨를이 없어서 그리 됐습니다. 구호미가 오지 못하는 걸 알면 사람들이 난리칠 텐데. 그래서 말씀인데, 비축해 둔 쌀 좀 빌려주십사 하고 부탁드리러 왔습니다.
만덕	쌀이 있으면 얼마나 있겠습니까?
사또	조금이라도 좋으니, 제발 저 좀 살려주십시오.
만덕	대처 못한 책임은 지셔야죠? 작년 재작년, 그리고 금년까지 태풍과 재해로 섬 주민 세 사람 중 한 명꼴로 죽었습니다. 그런데도 가만히 앉아 녹봉만 타 잡수셨단 말씀입니까?
사또	우리 재정 형편 잘 알지 않습니까? 주민들 세금 갖고는 비축하고 자시고 할 처지가 못 됩니다. 그냥 달라는 것이 아니고 빌려 달라는 거 아닙니까? 물론 그에 따른 보상은 충분히 해

드리겠습니다.

만덕	(단호하게) 보상이라구요? 무엇을 해 줄 수 있습니까? 저를 섬 밖으로 나가게 해주실 건가요? 금강산 구경할 수 있게 해 주실 수 있어요? 그런 권한 없으시죠? 전 못합니다. 다른 데 가서 알아보시지요.
사또	산지포 객주에 쌀이 없다면 이 섬 안에 어디 가서 구하겠습 니까? 너무 매몰차게 마시고 제발 도와주십시오.
만덕	전 장사꾼입니다. 항상 계획 속에 살지요. 말하자면 쌀도 우 리 식구 일 년 먹을 만치만 비축한답니다. 곳간을 보시면 아 시겠지만 남 도울 여력이 없습니다.
사또	참으로 매정하십니다. 사람들이 죽어 나자빠지는 것도 안 보 이십니까?
만덕	봤습니다. 허나, 이 형국에 제가 뭘 어떻게 하겠습니까? 여 기서 이러지 마시고 당장 한양으로 가서 방도를 찾으십시오.
사또	무 자르듯 매정하게 마시고 한 번만 생각해주십시오. 내가 오죽하면 채신머리없이 이런 말 하겠습니까? 답변을 기다리 겠습니다. 실례했습니다. (나간다)
만덕	(나가는 것을 확인하고) 홍. 제 배 불릴 것만 생각하다, 이 모 양 요 꼴 났지. 난 못해. 장쇠야! 뭘 보니? 어서 문 잠거라.
장쇠	(이미 문 옆에 서 있다가 밖을 보며) 마나님, 만재 서방님이 오 세요. 헌데, 뭔 일이랴?

만재가 정생을 업고 들어와 평상에 눕힌다.
집사람들 모여든다.

| 정생 | (헛소리처럼) 칠성아. 칠성아. |

만덕	오라버니 무슨 일입니까?
만재	(울상이 되어) 큰일 났다. 만덕아, 우리 배가 요 앞 바다에서 그만….
만덕	예? 오라버니…? (너무 놀라 말을 잇지 못한다)
만재	(소매로 눈물을 닦고) 부서진 모양이다.
만덕	무슨 소리예요?
만재	시체가 밀려왔어. 칠성이가 죽어서 왔단 말이다. 이 사람은 울부짖다 실신하고. 바닷가엔 배 조각만 둥둥….
만덕	그럼. 내 배는, 내 물건은 어찌 된 겁니까?
만재	지금 사람이 죽었는데 물건이 문제냐?
정생	(벌떡 일어난다. 제정신이 아니다) 아니, 이 년이 사람이냐? 지금 세 사람이나 물귀신이 됐는데, 그까짓 배 타령이여? 이 돈에 환장한 년아. 너 때문에 우리 칠성이가 죽었는데 그 까짓 돈이 다 뭐야? 우리 칠성이 살려내. (만덕에게 달려들어 악다구니를 쓴다) 이 돈에 미친년아, 칠성일 살려내라구!
만재	(떼어놓으며) 이 사람이. 이 무슨 행패야? (떠다 밀친다)
정생	(넘어진 상태에서) 이년은 사람도 아녀.

15. 돈에 굶주린 아귀 (정생 솔로)
돈에 굶주린 아귀 돈에 미친 구두쇠
돈 아까워 옷도 안 해 입는 등신
돈 아까워 맛있는 것 안 먹는 자린고비
돈으로 저승사자를 꼬시려느냐
저승에다 고대광실 지으려느냐
극락 보내 달라 염라 왕께 바칠 뇌물이냐
사람 목숨보다 돈이 귀하더란 말이냐

돈에 굶주린 아귀야, 이 돈에 미친 구두쇠야

만덕, 노래를 듣다가 휘청거린다.
을순이 부축하려 하자, 손을 내저으며 거절한다.

만재   (호통치듯) 입에서 나온다고 다 말인 줄 알어? 우리가 누구
       덕분에 편안히 먹고 살았는데 그따위 소리여?

정생   (이번엔 만재에게) 말도 못 하는 이 병신아. 평생토록 저년 발
       바닥 핥은 결과가 뭐냐? 누이는 천만 석, 억만 석 부잔데 우
       린 뭐냐구? 오라비가 돼 가지고, 종노릇만 하다가 죽을 거
       여? 저년은 돈이라면 우리 목숨까지도 앗아갈 년이여. 정신
       차려, 이 등신아.

만재   재산이 왜 없어? 모아놓은 돈 있으니 밭이야 사면 되고. 딸
       하나 아들 셋 시집 장가 보내고 이만 살면 말지. 더 이상 뭘
       바라고 그따위 소리냐구?

정생   이 등신아. 왜 말을 못 해. 진즉 독립해서 돈 벌겠다고 왜
       말을 못 했냔 말여? 그랬으면 칠성이가 배도 안 탔을 거 아
       녀? 내놓으라고 해. 우리 몫 내놓으라고 하란 말여. 지금이
       라도 가. 늦지 않았으니까 우리끼리 나가 돈 벌잔 말이여
       이 등신아.

만재   이 철딱서니 없는 여편네야. 먹을 것 없어 시체가 너부러진
       판에 가긴 어딜 간단 말여.

정생   그려? 그럼 나 혼자 갈 텐게, 오누이가 잘 먹고 잘 살아. 난
       목숨 바치기 싫어. 죽기 싫단 말여. (나가며) 아이구, 칠성아,
       불쌍한 우리 칠성아.

만재   아니 저 여편네가 정말 미쳤나? (정생 뒤를 따라가며) 어디
       가? 칠성이 어멈. 칠성이 어멈!

만덕, 휘청거리다가 기어코 쓰러진다.
장쇠와 을순. 만덕 주변으로 모여드는데.
암전.

제 3 장

꿈속 장면.
안개가 밀려오는 가운데 음산한 음악에 맞춰 아귀들이 춤을 춘다.
그들은 굶어 죽은 귀신들로 신음소리를 흘리며 흐느적거리며 쓰러졌
다가는 일어서고,
다시 춤을 추다가는 쓰러져 뒹군다.
그리고 정적.
잠시 후.
만덕이 뭔가에 쫓기며 튕겨지듯 등장한다.
천둥과 번개. 안개를 내어몰 듯 바람이 세차게 분다.
만덕, 쓰러진 아귀들을 보고 놀란다.
쓰러졌던 아귀들이 다시 서서히 살아나 움직이며 만덕에게 접근한다.
만덕, 겁에 질려 몸을 움츠리며 피한다.
그러나 집요하게 계속되는 숨바꼭질.
만덕은 더 이상 숨을 곳이 없다.
만덕은 그 자리에 주저앉아 발버둥치고,

아귀들은 서서히 다가들어 만덕의 몸 위로 하나둘씩 포개지며 쓰러진다.

만덕의 비명.

이도원 등장하여 아귀들을 하나둘씩 물리친다.

아귀들 감히 대항할 엄두도 내지 못하고 두려워하며 사라진다.

도원   만덕아!

만덕   (누워서 가쁜 숨을 몰아쉰다)

도원   만덕아, 일어나거라.

만덕   (벌떡 일어나 앉으며) 누구시죠? (알아보고) 서─방님?

도원   나를 알아보겠느냐?

만덕   서방님이구나? 서방님이 맞죠?

도원   그래, 아직도 나를 기억하는구나?

만덕   (일어서서) 어떻게 잊을 수가 있겠어요? 어디 갔다 이제 오셨어요? (울먹이듯) 얼마나 기다렸는데….

도원   그래. 나도 무척 보고 싶었다.

만덕   (안기며) 서방님.

도원   (안으며) 그간 고생 많았지?

만덕   전 이젠 여한이 없어요. 이렇게 서방님 품에 안긴 채, 영원히 잠들었으면 좋겠어요.

도원   (떨어지며) 만덕아, 항상 마음을 곧추세워야 한다. 넌 아직도 할 일이 남았잖느냐?

만덕   너무 힘들어요. 남 앞에선 강한 척 꾹 참지만, 베갯잇을 적시며 지새운 밤이 얼만지 아세요?

도원   암. 알지. 알고말고. 그 여리디 여린 속마음 숨기면서 온갖 고초와 모진 수모를 억척스런 만덕이니까 이겨낸 거야.

16. 내가 무슨 죄인 (만덕 솔로)

내가 무슨 죄인인가 돈 많은 게 죄인인가

누구는 쓸 줄 몰라 안 쓰나 이 악물고 모았는데

미음도 못 먹고 돌아가신 불쌍한 우리 어머니

돈 없는 게 죄 같아서 악착같이 벌었는데

내가 무슨 죄인인가 돈 많은 게 죄인인가

억척같이 일한 것 먹을 것 안 먹고 모은 것

그것이 죄라면 죄

도원　　집착의 수렁에 잠시 빠진 것뿐이다. 내가 아는 만덕인 돈만 아는 매몰찬 여자가 아니지. 장사를 시작할 때 초심을 잊었느냐?

만덕　　잊다뇨? 그걸 잊었다면 제가 이런 형색이겠습니까?

도원　　만덕인 커다란 사업 벌이려고 자본을 모은 거야. 아니 설문대 할머님이 그 사업을 만덕에게 시키기 위하여 허튼 데 쓰지 못하게 하신 거지.

만덕　　사업이라니요? 장사꾼으로 평생을 늙은 여자가 또다시 새로운 사업이라니요? 지금도 진절머리가 나는데 이 나이에 또다시 무슨 사업을 시작하란 말씀이십니까?

도원　　마음이 움직이는 대로 하여라. 그게 할머님이 너한테 명령하는 것이니까?

만덕　　이젠 산속으로 들어가 공덕이나 닦으면서 여생을 보내고 싶어요.

도원　　하지만 아직 할 일이 남았다니까?

만덕　　싫습니다. 이젠 아무 일도 하고 싶지 않습니다. 지쳤어요. 쉬고 싶단 말입니다.

도원	(화를 내며) 또 그 고집. 그렇게 내 맘대로 하려면 다신 날 볼 생각 마라. (나가려 한다)
만덕	(불러 세운다) 서방님. 가지 마세요. 제가 잘못했어요.
도원	(돌아서며) 마음이 바뀌었느냐?
만덕	서방님이 떠나지 않았다면 애도 낳고 평범한 여자로 살았을 겁니다. 기별을 주신다는 약조를 마음에 품고 이제나저제나 기다렸는데….
도원	모든 게 운명이다. 이미 만덕인 거상이 될 운명을 가지고 태어난 거야. 누구에게도 없는 능력을 설문대 할머님은 만덕이한테만 주신 거지.

17. 설문대할망의 은총 (만덕, 도원 듀엣)

(만덕) 왜 하필 접니까, 하고많은 사람 중에

(도원) 그건 특별히 만덕일 사랑하기 때문이지

(만덕) 왜 하필 저냐구요, 허락한 적 없는데

(도원) 당신을 대신할 봉사자로 선택된 것

(만덕) 지아비 사랑받는 지어미 되고 싶었어요

(도원) 그것은 은총, 설문대 할망의 은총

(만덕) 무겁고 어려운 짐 왜 내가 감당해야 하나요

(도원) 하지만 아직은 끝난 게 아니지

(만덕) 왜 하필 저였습니까, 하고많은 사람 중에

(도원) 그것은 은총, 설문대할망의 조화

(함께) 그것은 조화, 설문대할망의 은총

만덕	그럼 전 한낱 머슴이고 심부름꾼이었나요?

도원   인간은 누구나 하느님의 종이지. 파도에 물어봐라. 어디로 흘러 어디에 부딪힐 건지 아느냐고? 사람의 일이란 한 치 앞도 모른다. 다만, 꼭 같이 주어진 시간을 어떻게 사느냐는 것이 사람마다 다를 뿐.

만덕   지나온 날을 되돌아보면 제자신도 놀랍니다. 어떻게 여기까지 왔는지. 보잘 것 없는 저에게 어디서 그런 지혜가 나오는지? 허나, 알 수 없는 힘이 절 움직였어요. 선택의 순간마다 절 이끈 건 바로 서방님이었습니다.

도원   아니다. 그건 설문대 할머님의 조화였다.

만덕   (고개를 저으며) 전 많은 사람들한테 고통을 준 죄인이에요. 허나 이젠 쉬고 싶어요.

도원   쉬고 싶으면 가진 걸 버려라.

만덕   버리면 정말 편해질까요?

도원   그래. 편하고 자유로워지지. 지금이 기회야. 버려라. 섬사람들이 원하지 않느냐? 섬사람들 덕분에 성공했으니 이제 그들에게 돌려줄 때다.

만덕   내 죄가 씻어지려면 얼마만큼 버려야 할까요?

도원   남김없이 다 줘 버려라. 네 재주면 어디 가서 밥이야 굶겠느냐?

만덕   그래요. 버리겠습니다. 나로 인해 상처와 고통 받은 이들로부터 용서를 구할 수 있다면 다 버릴 겁니다.

도원   그래. 잘 생각했다. 집착에서 벗어나서 이젠 편히 살아라. (돌아선다)

만덕   서방님! 가지 마세요.

도원   가야지. 내가 있는 곳은 너무 멀다. 천명을 다한 후 다시 만나자.

만덕	저를 데리고 가주세요.
도원	아직은 할 일이 남았다지 않았느냐? 열심히 일한 만큼 행복도 누려야지. 실컷 즐기다 싫증나면 그때 오너라.
만덕	저와 함께 있으면 안 됩니까?
도원	내가 이러면 천상에서도 우린 영영 만날 수 없어. 난 언제나 네 마음속에 있을 텐데 무슨 걱정이냐.
만덕	제가 찾으면 언제든 오실 거죠?
도원	그러마. 늘 너와 함께 하마. (나간다)
만덕	(더 따라가지 못하고) 서방님. 전 늙고 힘은 없지만. 서방님이 시키는 일이라면 뭐든지 할 겁니다. 항상 절 지켜 주셔서 고맙습니다. 안녕히 가십시오. (그러나 못내 아쉬워서) 서방니임. 서방니임.

부르는 소리가 에코 되어 객석을 울린다.
'설문대할망의 은총' 가락이 흐르면서.
암전.

제 4 장

을순 마당을 쓸고 있는데.
만재와 정생. 장쇠가 들어온다.
정생은 울기만 하고 장쇠는 급한 듯 어기적거린다.

을순	장사 잘 치렀어요? 나도 가봐야 하는 건데, 언니 때문에….
장쇠	(뒷간으로 향한다) 말 시키지 마. 급해.

만재	지금도 안 일어났어?
을순	예. 아직도 기척 없어요.
정생	(푸념조로) 에고. 팔자 좋은 년은 따뜻한 아랫목에서 편안하게 누워 자고, 죄 없는 젊은 것은 돈에 팔려 제명에 못 가고. 아이고 억울해. 억울해서 어찌 눈을 감아?
만재	아, 이 사람아. 다 끝났어. 그만해. 이왕지사 이렇게 된 거 어떻게 할 거야. 죽고 사는 것도 다 제 복력이지. 굶어 죽은 귀신들 안 봤어? 그래도 우리 칠성인 때깔도 훤한 게 보기가 얼마나 좋았어?
정생	아이고 이 화상아. 그게 물에 불어서 그런 거지. 잘 먹어서 그런 거야?
만재	그만두래도. 올케 걱정 좀 해. 얼마나 충격 받았으면 사흘을 자도 일어나질 못할까?

만덕. 집 안에서 나온다.
정생. 미안한 듯 만재 뒤로 숨는다.

만덕	을순아?
을순	(다가서며) 언니, 괜찮으세요? 얼마나 걱정했다고요?
만덕	오랜만에 푹 자고 나니 마음이 이리 편해질 수가 없구나.
을순	사흘 밤낮을 끼니도 안 드시고 주무셨어요. 시장하시죠? 상 차려 올릴게요.
만덕	괜찮아. 물이나 좀 다오.
을순	예. (들어간다)
만재	모두들 마음이 조마조마했어. 영영 못 일어나는 줄 알았지.

만덕	내가 그렇게 심약한 여잔 줄 알았어요? 아직도 할 일이 많이 남았는데, 어찌 눈을 감겠어요?
만재	(뒤에 숨은 정생에게 사과하라고 몸짓을 보내고 정생은 싫다고 투닥거린다)
만덕	(눈치를 채고) 언니. 오라버니 뒤에 맛좋은 것 숨겨 뒀수?
정생	(만재의 엉덩이를 툭 치고 나서며) 장사는 혼자 치렀나? 옷이 왜 이리 더러워?
만덕	수고들 했구만요. 죽은 사람들 다 보상할 거예요. 다 나를 위해서 일하다 죽었는데, 크게 보상해야지요.
정생	죽은 다음 보상이 무슨 소용입니까? 다 끝난 일인걸. 죄송해요. 소란 피워서. 제정신이 아니었어요.
만덕	아니에요. 제 생각이 짧았어요. 마음 고쳐먹게 해줘서 고마워요.

을순이 물을 떠서 나오고,
장쇠는 허리춤을 고이며 들어온다.

을순	물 여기 있어요.
만덕	(물을 단숨에 마신 후) 오라버니, 곳간에 있는 쌀을 모두 방출해서 우선 급한 대로 조금씩 나눠 먹도록 해요.
만재	(놀라며) 아니 만덕아. 이 무슨 귀신 씨나락 까먹는 소리냐?
만덕	제가 하자는 대로 해 주세요. 집에 있는 현금과 땅문서랑 재산이 될 만한 것들은 모두 육지에 갖고 가서 쌀과 바꿔오도록 하세요.
만재	아니. 만덕아. 지금 제정신으로 하는 소리냐? 그게 어떻게 해서 모은 건데?

만덕	재물은 마음만 먹으면 언제든지 다시 모을 수가 있습니다.
만재	(혼잣소리로) 미쳤군. 암 올케한테 충격 먹고 미칠 만도 하지.
을순	언니. 다 줘버리면 우린 어찌 살라고 이럽니까?
만덕	식구들 몫은 따로 챙겨 놓을 테니 걱정 마라. 그리고 이젠 오라버니도 독립하셔야죠.
정생	독립요? (만재에게) 하이고 이제야 독립이랍니다.
만재	도대체. 무슨 헛것이 씌어 이러는가? 이러면 안 돼. 정신 차려. 만덕아.

18. 이제야 알았습니다 (만덕 솔로, 코러스)
이제야 알았습니다, 과분한 사랑 받은 이유를
섬에서 돈 벌어 육지 나가는 사람 없고
재산 팔아 육지 가 성공한 섬사람 없는 것
설문대 할마님의 조화 이제야 알았습니다

속옷도 못 해 입으신 가난한 설문대 할머님
섬사람 사랑해서 늘 희망을 주셨던 그 뜻을
이제야 알았습니다, 할마님 이어 좋은 일 하라고
많은 재물 모으게 한 걸 이제야 알았습니다

을순	참으로 언닌 마음도 넓지.
장쇠	암. 있어도 쓰지 못하는 사람이 얼마나 많은데?
정생	(연신 소매로 눈물과 콧물을 닦으며) 그래. 그렇게라도 해서 죄를 씻어야지.
만재	만덕아, 이러자고 욕먹어가며 돈 모았니? 다시 한 번 잘 생각해 봐. 응?

만덕   오라버니, 거리엔 죽음만 기다리는 사람들 천지 아닙니까? 연옥이 따로 없습니다. 섬 전체가 아수라장이에요. 이러다간 다 죽습니다.

만재   이럴수록 마음을 다잡아야 한다. 동정 베풀다간 한도 끝도 없어.

만덕   골백번도 더 생각했습니다. 이 재난에 우리 목숨만 부지한들 그 무슨 가치가 있습니까? 돈이란 없다가도 있는 것. 함께 살아야 합니다. 섬사람들 덕분에 재산도 모았으니, 그들에게 돌려주는 건 당연한 이치 아닙니까?

정생   설문대 할마님이 환생하셨네. 참으로 장하세요.

을순   (울먹이며) 언니. 어떻게 그런 생각을.

장쇠   진즉에 이랬으면, 나 머리는 안 터졌을 텐데.

만덕   자 어서 서두르십시오. 그리고 오라버니 하루 바삐 배를 놓아 육지로 떠나세요.

만재   알았다. 내 동생이지만 참 존경스럽다.

만덕   장쇠야, 그리 섰지 말고 목관에 알리고 대문 활짝 열어 사람들 불러 모아라. 어서, 어서 서둘러.

장쇠   예. 분부 거행이요. (잽싸게 나가며 외친다) 동네 사람들, 쌀 배급이요. 어서 모이시오. 쌀이오, 쌀. 산지포 객주로 모이시오. 쌀이오.

만재   뭣들 하고 있어? 어서 배급 준빌 해야지?

을순, 정순 (기쁜 마음으로) 예. 분부 거행이요.

19. 쌀 받으시오 (객주사람들 코러스)
돈 많으면 뭘 해 부자면 뭘 해
제대로 쓸 줄 알아야 진정한 부자

돈 많으면 뭘 해 부자면 뭘 해

베풀 줄 모르면 수전노 자린고비

사람들아 어서 와 쌀 받으시오

목숨 살릴 귀한 쌀을 객주가 내리셨소

사람들아 어서 와 쌀 받으시오

귀한 목숨 살릴 쌀을 만덕님 베푸셨네

대문을 열자,

사람들 갖가지 도구를 들고 들어와 노래를 부르면서 쌀을 배급받는다.

어떤 사람은 너무 고마워 울면서 만덕이 앞에 넙죽 절하며 일어서지

않는다.

만덕, 인자하게 다가가 일으켜 세운다.

20. 은광연세 (일동 코러스)

변방의 큰 섬 석 삼년 흉년에 돌림병 돌아

섬사람들 주려죽을 때에 나랏님도 못한 구휼

재산 풀어 귀한 목숨 살린 그 은덕 그 감동

세상에 재화 아깝지 않은 이 어디 있으랴

가진 자의 의무를 몸소 실현한 아름다운 동행

아 만덕의 아름다운 덕행 역사에 빛나리

아 만덕의 은혜로운 빛 온 누리에 퍼지리

노래가 계속되는 가운데 배경 막에 다음과 같은 후일담이 새겨진다.

1795년 만덕은 재산 1천금을 내어 육지에 가 양곡을 구해왔고

10여 일만에 관가를 통해 기민에게 나누어졌다.

이듬해 정조대왕은 만덕의 행실을 기특히 여겨
그를 '내의원 의녀반수'로 봉하고 궁궐로 불러들였다.
만덕은 소원인 금강산을 구경한 후
제주로 돌아와 다시 자신의 일에 몰두하다
1812년 73세의 나이로 세상을 떴다.

막.

랭보, 바람 구두를 벗다

강 준 지음

발 행 처 · 도서출판 **청어**
발 행 인 · 이영철
영   업 · 이동호
홍   보 · 천성래
기   획 · 남기환
편   집 · 방세화
디 자 인 · 이수빈 | 김영은
제작이사 · 공병한
인   쇄 · 두리터

등   록 · 1999년 5월 3일(제1999-00063호)

1판 1쇄 발행 · 2020년 7월 1일

주소 · 서울특별시 서초구 남부순환로 364길 8-15 동일빌딩 2층
대표전화 · 02-586-0477
팩시밀리 · 0303-0942-0478

홈페이지 · www.chungeobook.com
E-mail · ppi20@hanmail.net
ISBN · 979-11-5860-861-3(13680)

이 도서의 국립중앙도서관 출판시도서목록(CIP)은 서지정보유통지원시스템 홈페이지
(http://seoji.nl.go.kr)와 국가자료공동목록시스템(http://www.nl.go.kr/kolisnet)
에서 이용하실 수 있습니다.(CIP제어번호: CIP2020025326)

이 책은 제주특별자치도, 제주문화예술재단의 2020년도 문화예술
지원사업의 후원을 받아 발간되었습니다.